The Elements of Investing

投資の大原則

人生を豊かにするためのヒント

バートン・マルキール
チャールズ・エリス

鹿毛雄二・鹿毛房子［訳］

日本経済新聞出版社

The Elements of Investing
by Burton G. Malkiel and Charles D. Ellis.

序　文

投資の世界を代表する偉大な思想家、チャールズ・エリスとバートン・マルキールの二人が知恵を合わせて、個人が投資をするための素晴らしいガイドブックを作り上げてくれた。二人はすでに、『敗者のゲーム』（エリス）、『ウォール街のランダム・ウォーカー』（マルキール）という証券投資に関する最高の作品を書いている。では、なぜこの二人が、古典ともなっている本と同じテーマに取り組んだのか？その背景には、これまで個人投資家に対するアドバイスは混乱を極め、まともなものがほとんどなかったという悲しむべき事実がある。そこで、二人は一般の読者を念頭において、アインシュタインの「できるだけシンプルに、しかし、シンプルすぎないように」、原理・原則にしぼって書くように心がけている。

投資家は自分のお金を運用するために、三つの問題を考えることになる。資産配分、マーケット・タイミング、銘柄選択の三つである。簡単にいえば、資産配分とは株式・債券といった各資産を、長期的にどういう割合で保有するのが望ましいかを決めておくこと。一方、マーケット・タイミングとは、長期的には決められた資産配分比率を維持するものの、短期的な投資判断によって特定の資産を売買すること。銘柄選択とは、配分比率の決められた各資産に、具体的にどのような銘柄の株式や債券を組み入れるかの問題である。

このうち資産配分がとくに重要だと、エリスとマルキールは主張する。理論的には、資産配分こそが運用成績を決定する主要因で、マーケット・タイミングの判断や銘柄選択の影響はほとんどないと考えられているからだ。マーケット・タイミングと銘柄選択に基づく投資を行えば、運用機関に対する報酬や証券会社に対する売買手数料など多額の費用がかかる。そして、その分だけ確実に投資リターンを引き下げる。このように、マーケット・タイミングと銘柄選択は高くつくため、得られるはずのリターンが減ることになる。

エリスとマルキールによると、投資家は最高値の人気株を追いかけ、出遅れ株を投げ売りするなど、いつの時代にも懲りずにマーケット・タイミングに振り回されている。投資信託に関する数多くの実証研究から、投資家は高値で買い、安値で売っているということが確認された。つまり、タイミングの判断の悪さが資産を減らしているというのだ。だから彼らは、一貫した長期投資戦略を策定し、それを貫き通すように勧めている。

銘柄選択は投資リターンをさらに押し下げることになる。たとえば、大多数の投資信託は、市場インデックスと同じ動きを目指すパッシブ・ファンドに負けている、という残念な統計が紹介されている。そこに登場する暗澹たる数字は、この深刻な状況のほんの一部を示すにすぎない。エリスとマルキールによると、この数字はそれでも現在まで生き残っている投資信託全体の中では比較的優良なファンドだけに関するものだという。運用に失敗して解散した投資信託を含めると、全体としてさらに低リターンになるが、その数字は把握しようがない。証券価格調査センターは、解散したか残存しているかを問わず、すべての投資信託のデータを集めている。それによると、２００８年12月現在、３万９０００の投資信託があり、そのうち運用されているのは２万６０００だった。１万３０００が消滅し、その運用成績のデータは存在しないので、本書では統計から除外されている。このように多くのファンドが解散するという、投資信託業界特有の事情を含めて考えれば、低コストのパッシブ運用を重視すべきだという二人のアドバイスはいっそう説得力を持ってくる。

もっとも、ほんのわずかな点で、二人とは意見が異なるところがある。たとえば、持ち家は投資資産ではなく、消費財に近いと私は思う。また、彼らが本音のところで、個別銘柄の選択に肯定的な点に少し疑問を感じる。実際、彼らがいくつかの株に投資をして大きく儲けたと聞いたことがあるからだ（現代の資産運用の世界を代表する巨人たちが、市場平均に勝とうと努力しているなんて、驚きではないか？そう、この二人は成長株を見つけている。私たちにはできない）。だから私のほうが、もっと強くバンガードのファンドをお勧めする。この会社は、ＴＩＡＡ－ＣＲＥＦ（大学教職員年金）同様、利益を目的として運用しているわけではない。だから、運用機関の利潤追求動機と受託者責任との間の、よくある利益相反も起こらない。こうした些細な考え方の違いはあるものの、本書には重要かつ基本的な投資の原理・原則が示されていると思う。

１９７０年代末、私がイェール大学の博士課程の学生だったとき、博士論文の指導教授でノーベル賞学者のジェームズ・トービンは、証券市場が基本的にどのように動いているかを学ぶために『ウォール街のランダム・ウォーカー』を読むようにと言ってくれた。マルキールの本は、私にとってこの分野での勉強の基礎となった。1980年代半ばに、私は大学財団基金を運営するためにイェール大学に戻った。そこで私は、『敗者のゲーム』のもとになった *Investment Policy*（『機関投資家時代の証券運用』）と出合った。このエリスの本は、資産運用に関して数えきれないほど多くの指針を私に与えてくれた。今回、チャールズ・エリスとバートン・マルキールは、すべての投資家のために画期的な入門書を書いてくれた。彼らのアドバイスに従おう。そして、成功を祈る！

イェール大学財団基金運用責任者　デイビッド・スウェンセン

I

目次

まず貯蓄を始めよう

II シンプルな投資法

III 一に分散、二に分散、三に分散

IV

大きな失敗を避けよう

V

私たちが勧めるKISSポートフォリオ

はじめに

バートン・マルキールの52年とチャールズ・エリスの48年――二人合わせて100年に及ぶ研究と経験の結晶ともいうべき本書をお届けしたい。私たちにとっても、「こんなことが以前からわかっていたらよかったのに」と思うような本だ。人生の最良の教師は経験であるとよくいわれるが、それにはしばしば高い授業料を払わせられる。この本は、一般の人たちが――私たちのかわいい孫を含めて――将来経済的に困らないように貯蓄と投資の大原則を示したものだ。2時間もあれば読めるくらいの読みやすい本に仕上げた。

投資について書かれた参考書は数多い。しかし、その多くは400ページ以上もあり、複雑で技術的な説明に終始していて、普通の人にはとっつきにくい。

あなただって、そんな分厚い本を読みたいとは思わないだろうし、細かい技術的なことに興味もないだろう。しかし、自分のお金をどのように運用するかを決めるには、幅広い情報が必要であり、また失敗すれば損失が出るので、どうしても投資には消極的になりがちだ。

だからこそ、簡単に読めて、専門用語を使わない、投資の最も重要な基本原則を整理した本を出すことにした。ウィリアム・ストランク・ジュニアとE・B・ホワイトの古典的名著、*Elements of Style* という文法の本をご存じだろうか？　もし読んだことがあるなら、本書のタイトルがそこから来ていることに気づかれたかもしれない。そして、なぜこの本がこんなにコンパクトなのかも。

もちろん、ストランクやホワイトなどという名前を聞いたことがなくても、心配ご無用。重要なことは、その二人が文章力を発揮した修飾的な文をそぎ落とし、英語の基本的ルールとその使用法のみにしぼったという点にある。92ページにもならないその本の中で、彼らは文章作成について本当に大切なことをもれなく書いている。それも簡潔にして明瞭に。ストランクとホワイトの、このウエハースのような薄さの本が何十年にもわたって読み継がれてきたように、本書も今後ずっと読まれ続けることを期待したい。

私たちもこの文法の本にならい、投資の要点について簡潔に述べたいと思う。投資という頭が痛くなるような問題について、重要なことのすべてが、片手で数えられるほどの原則に集約できるということは、私たちにとっても大変な驚きである。複雑な税制に惑わされて頭が混乱していなければ、投資はそのくらい簡単なものなのだ。この原則を知っていると知らないとでは、人生が大きく違ってくる。

私たちは約束したいと思う。この本を読むことで、あなたは長期にわたって経済的に困らないための正しい道筋を自分で見つけることができるはずだと信じている。そうして、もし本当に投資に失敗したくないのなら、生涯を通じてこの本を何度も読み返し、何が重要であるかを思い出すことだ。

すべてはお金を貯めることから

この本を書くにあたって、投資についてわかりやすく簡潔に書くことを心がけた。一生経済的に困らないように、とくに定年後を豊かに安心して暮らすためには、大切なお金をどのように投資すればよいのだろうか？　そういった疑問を抱える人たちのために、二人で知恵をしぼって書いたつもりだ。

普通の人が難しいと思うような複雑な投資は必要ない。誰でもできる健全な投資手法をお教えしたいと思う。しかし、投資資金がないことには、リターンが2パーセントだの、5パーセントだの、10パーセントだのといっても始まらない。

すべてはお金を貯めることから始まる！

投資資金がないことには、リターンが
2パーセントだの、5パーセントだの、
10パーセントだのといっても
始まらない。

I

まず貯蓄を始めよう

まず貯蓄を始めよう。できるだけ若いときからこつこつとお金を貯めていくことは、自分の人生設計をすることと同じくらい重要なことだ。それに比べれば、貯蓄を始めるにあたってどのくらいの預金残高があるかということは、大した問題ではない。ある銀行の宣伝文句にこんなのがある。

私どもの銀行では、こつこつと確実に貯めていくことができます。あなたが貯めようと決心さえするなら。

金持ちになる早道は簡単なことだ。支出を収入より抑えること。そうすれば、もうあなたはお金を持っている。支出以上の収入があるのだから。この法則は、学校を卒業したばかりの若者であろうと、大金持ちであろうと、わけ隔てなくあてはまる。人生を楽しみながら、つましく暮らしたある学校の先生が、1億円以上もの不動産を遺したという話を耳にしたことがある。これこそ、つましい暮らしの結果として成し遂げられた本当の豊かさだと思う。ここで大切なことは、その先生はお金を貯め続けた、という事実だ。

一方、逆のケースもある。年間収入10億円以上という男がいた。お金を湯水のごとく使った。そして、とうとう家族名義の財産にも手をつけてしまった。なぜか？彼は贅沢な生活を送ったからだ。自家用飛行機や何軒もの別荘を持ち、高価な絵画を頻繁に購入し、何百人も集めたパーティーを開くなどした。その結果、この男の老後は惨めなものだった。

ディケンズの自伝的小説『デイヴィッド・コパフィールド』に登場する楽天家のウィルキンズ・ミコーバーのせりふは有名だ。

年収が20ポンドで、1年間に使うお金が19ポンド19シリング6ペンスであれば、支出がわずかでも収入を下回るので幸せだ。だが、年収20ポンドで1年間に使うお金が20ポンド6ペンスだと結果は不幸せだ。

節約は自分のためだ。理由は二つある。一つは、節約をしておけば、あとでひどい後悔に悩まされることはない。詩人のジョン・グリーンリーフ・ウィッターは、こう書いている。「人と話をしたり文章を読んでいるときに、最も残念に思うのは、『あのとき、こうしていれば』という後悔の言葉だ◈」

「あのとき、ああすべきだった」とか「こうしていたならなあ」といった言葉も、まったく虚しいものである。

二つめの理由は、節約は精神的にもよい効果がある。つましく暮らしている間も、またその後においても、節約は私たちの心を穏やかにし、また目標どおり節約ができたときには達成感が得られる。その結果、現在と将来において人生の選択肢が広

◈この言葉は1856年に書かれた『モート マラー』という詩から。

がる。

後悔をしなくてすむというのは重要なことだ。おそらく将来、後悔しなくてすむだろうというべきだろうが。同時に、現在も、後悔しない生活を送ることが重要である。賢く貯めることは精神的にもよい。しかし、それは行きすぎて、ぎすぎすした生活をするということではない。節約しようと思いすぎてもいけない。どうすれば節約が習慣となり、そしてそれを持続できるか、自分に合った方法を探していこう。

節約の真の目的は、あなたが自分の人生において大切だと思うことを達成したり、継続したりすることにある。我慢に我慢を重ね、無理をすることではない。まったく逆である！　節約するのは、充実感を得るためなのだ。自分の人生に対しての満足感。自分の人生において最善の選択をしているという満足感と、そしてそのような人生を送っているという充実感を得るためだ。蓄えがあると、将来したいと思っていた大切なことができる。節約は面倒見のよい友だちだ。将来あなたが本当にこうしたい、こんなふうに暮らしてみたい、という夢を実現する手段だと考えてみるといい。

節約して損をすることはない

節約の第一歩は無駄遣いをやめること。自分の収入以上に浪費してしまう生活、とくにクレジットカードの使いすぎをやめることだ。節約にはこれといったルールなどないが、いわば重要な鉄則というものがある。それは「絶対に、絶対に、カードローンに頼ってはいけない」ということ。これは犯してはならない掟ともいうべきものだ。スコット・アダムスの漫画『ディルバート』の中で、カードローンのことを作者は「お金の世界の麻薬」と呼んでいる。そして、「カードを使えば、1銭

◈マルコム・グラッドウェルが『ブリンク』（『第1感「最初の2秒」の「なんとなく」が正しい』光文社、2006年）という著書の中で、次のように述べている。「背が高くなるようにやってみる、というのもよいかもしれない。182センチメートルを超える人は、そうでない人に比べて年収が平均5000ドル多い。というのは、この国では背の高い人の評価が高いので、その結果、背の高い人は高収入となる」

もかからずにたちまち満足感が得られる。しかし、みなさんご存じのように、すぐに奈落の底に突き落とされる」とも言っている。

クレジットカードでお金を借りるのは素晴らしい。ただ、それはあなたにとってではない。カードローンが素敵なのは、貸し手にとってである。貸し手だけがよい思いをする。クレジットカードはとても便利だ。しかし、よさそうに見えるものにはすべて、ここまでという限度がある。クレジットカードの限度は、クレジット会社が決めた「借り入れ限度額」ではない。賢明なカードローンの借り入れ限度額はゼロなのだ。

カードローンは魅惑的である。凍った道ですべって転ぶように、いとも簡単に転落してしまう——とてつもない額の借金へと。しかし、ほとんどの場合、決して全額返せとはいわれない。銀行は毎月の返済額を低く抑えるのを「寛大にも」認めてくれるだろう。簡単だ。あまりにも簡単すぎるのだ！　しかし、返済額はどんどん膨らみ、その結果、銀行から手紙が来ることになる。その手紙によると、借金の額が大きいので利息が上がる。そして、本来自分のポケットに入るはずのお金をそのまま銀行に返済するようにと書かれている。ここであなたは、借金があるという問題では片付かない状況に追い込まれる。銀行の要求をのまなければ、法的措置が取られることになる。悪いことはいわない。絶対に、絶対に、絶対に、カードローンに手を染めてはいけない。

「時は金なり」の本当の意味

ゆっくりと確実にお金を貯める秘訣は、投資で得た利益を再投資（複利）することにある。アルベルト・アインシュタインは複利こそが宇宙で最も強力な力だと言った、とされている。要するに、自分がもともと投資したお金に利息がつくだけでなく、その利息にも利息がつくからだ。

> ゆっくりと、しかし確実にお金を貯める秘訣は再投資（複利）にあり。

なぜ複利はそんなに有利なのか？　アメリカの株式市場を例にとって見てみよう。この１００年にわたって、配当と値上がり益で平均10パーセントのリターンを生み出してきた。もちろん、リターンはある年は多かったり、少なかったりと年によって変わる。具体的に見てみよう。年10パーセントのリターンがあるとする。１００ドルから始めるとして、１年後には１１０ドルになる。元金の１００ドルとリターンの10ドルの合計額。元金の１００ドルとこの10ドルも一緒に再投資すると、２年目にはこの１１０ドルに対して11ドルの利益が得られる。合計１２１ドル。３年目には12・１ドルが得られ、今や合計１３３・１ドル。このように再投資を重ねていくと、10年後には２６０ドルにもなる。再投資をせずに10ドルずつ毎年得た場合と比べると、60ドルも多い。複利バンザイだ。

驚異の「72の法則」

「72の法則」というのをご存じだろうか？　まだ知らないのなら、ここで学んで、一生覚えておくことをお勧めする。簡単な法則で、再投資のなぞを解き明かすものである。それはX×Y＝72、すなわちX（お金が2倍になる年数）掛けるY（リターンの年率）が72になる、という式のことだ。

たとえば、自分のお金を10年で倍にするには、どのくらいのリターンが必要なのか？　答えは、10×Y＝72なので、Y＝7・2パーセントとなる。

このルール72を使って、あるリターンのとき、自分のお金が倍になるには何年かかるかを計算することもできる。たとえば、8パーセントのリターンがあるとして、資産が倍になるには何年かかるか？　答えは、9年（72÷8＝9）。簡単である。もう一つやってみよう。年利3パーセントとすると、何年で資産を倍にできるか？

答えは、24年（72÷3＝24）。

最後にもう一つ。4年で倍にします、という投資話を誰かが持ち込んできたとして、その人はいったい何パーセントのリターンを約束したことになるのか？

答え：18パーセント（72÷4＝18）

72の法則に注目してみると、そこから見えてくるものはとても魅力的である。10パーセントのリターンなら7・2年で資産が倍になる、とすると、約15年で（正確に計算すると14・4年）資産は4倍になる——18・8年で資産は16倍にもなる。

25歳の人が今日、素敵なレストランでワインを一杯飲むのを我慢すれば、複利のおかげで、30年後には同じレストランで奥さんとフルコースのディナーが食べられる。再投資の威力は、若いうちから節約をして投資すれば発揮される。時間が自分のために働いてくれるのだ。素晴らしいことではないだろうか。

まさに時は金なり。しかし、ジョージ・バーナード・ショーの言葉によると、「若者は若さを無駄遣いする」。今、自分が知っていることを若い頃に知っていればよかったのに、と悔やむのだ。資産を長期に再投資し続ければ、その合計は驚くべき額になるはずだ。ジョージ・ワシントンが初代大統領のとき、その給料からたった1ドルをとっておいて、年平均8パーセントで投資したとすると——この200年の株式の年平均リターンは8パーセント——今日の子孫は800万ドルを手にすることになる。アメリカのドル紙幣でワシントンを見るたびに、このことを思い出してほしい。

ベンジャミン・フランクリンの場合は、単なる仮定の話ではなく、実例を示してくれている。フランクリンが1790年に死んだとき、愛すべきボストンとフィラデルフィアの両市にそれぞれ5000ドルずつ遺産を贈った。そして、遺言でその資金を投資するように指示し、100年後と200年後に公共事業費として引き出してもよいと記されていた。100年後、二つの市は50万ドルを引き出すことができた。200年後の1991年、両市はそれぞれ合計額を受け取った――再投資し続けて約2000万ドルずつ。フランクリンの例が示すとおり、再投資し続けることのすごさがわかる。「お金がお金を生む。そして、お金が生んだお金がまたお金を生む」

最近の例として双子の兄弟の話がある。ウィリアムとジェームズという、現在は65歳になる兄弟だ。45年前、ウィリアムが20歳のとき、退職後に備えて資金を貯めることにした。毎年、年の初めに4000ドルを株に投資した。20年経って合計8万ドルを投資資金として投入したところで、新たに資金を投じるのをやめた。しかし、口座に貯まったリターンは、新しい資金として再投資し続けた。その資金は平均10パーセントのリターンを生み、老後資金なので税金もかからない。一方、もう一人の兄弟ジェームズは、退職後の資金を40歳から貯めることにした。ちょうどウィリアムがやめたときから。４０００ドルを25年間貯め続け、投資合計額は10万ドルにものぼった。この兄弟が65歳になったとき、どちらのほうが多く貯めただろうか？　答えは驚くようなものだった。

✦ウィリアムの資産は約２５０万ドル
✦ジェームズの資産は40万ドルに届かなかった

ウィリアムの勝ちだ。実際に投資した額は、ウィリアムのほうが少ないにもかかわらず、ウィリアムのほうが２００万ドルも多く貯めている。この教訓ははっきりしている。若くから始めると大きく増え、複利の有利さをフルに活かせるということだ。

他のケースで、実際の投資リターンがどうなるかを見てみよう。ある人は若い頃から投資を始めたが、タイミングが悪かった。毎年、その年の最高値で株を買っていた。もう一人はもう少し年を取ってから投資を始めたが、毎年、その年の最安値で買った。ところが結果は、前者は投資総額が少ないにもかかわらず、またタイミングも悪かったにもかかわらず、後者より多くの資金を蓄えることができた。

投資をするのによいタイミングをつかむことは大切である。しかし、タイミングよりも、いつから投資を始めるかということのほうが重要なのだ。退職に備えた資金を貯められない言い訳はたくさんある。しかし、そんな理由を挙げてばかりではいけない。時間を味方につけよう。堅実にお金を貯めるには賢くなければならない——つまり、ゆっくりと——そして、今から始めよう。

すべての経済ツールがそうであるように、72の法則の使い方にも頭を使わなければならない。このルールは味方につければ素晴らしい結果をもたらしてくれるが、敵に回すと怖い。その敵となるのがカードローンだ。カードローンでは18パーセントというのが〝普通〟の支払い利率だ。もし支払いが遅れたりすると、延滞利率が上乗せされる。その延滞利息が加算された額に、また延滞利息が加算される。

カードローンは素晴らしい投資収益とまったく逆の効果をもたらす。こんな高いレートで、複利を利用して投資をしてみたいと思わないか？ もちろん、したいと思うだろう。私たち全員このご利益にあやかりたいと。18パーセントの利率だと、借金は4年で倍になる。そして次の4年でさらに倍になる。えっ！　たった8年で借金が4倍に。これも再投資と同じ法則だ！　だからこそ、銀行は、この法則をわかっていない人たちにクレジットカードを広く配りたがるのだ。皆さんは決して、決して、カードローンを使ってはならない。

節約をゲームとして考える

「『退職後に幸せな生活をするためには、現役の間、若いときから収入の範囲内で暮らすこと』なんてとっくの昔にわかっているよ」と言われるかもしれない。「『毎月決まった金額を貯めていくことが資産形成の鍵だ』ということくらい知っている。だけど、収入の中だけでやりくりするなんて、できないよ」と。この章では、賢く蓄える秘訣をいくつかお教えしたい。といっても、成功するかしないかは、あなたしだいなのだが。

節約、すなわちお金を蓄えるのは、ダイエットと似ている。どちらも自分をコントロールすることと、正しいやり方を知ることが大切だ。どうすれば自分を正しくコントロールすることができるのだろうか？　単純ではあるが、一言でいうと、スリムな人はスリムであることが好き、節約できる人は節約が好き、ということだ。多くの場合、上手な節約の秘訣は、節約をゲームとして考えることである。毎日、自分を律して、いかに誘惑をはねのけるかのゲームとしてとらえるのだ。

節約にしてもダイエットにしても、成功する人は、自分がそれを成し遂げたときの喜びを、はっきりとイメージできる人である。倹約家は節約している自分に満足し、お金を蓄えていることが楽しみになる。これは、ダイエットをしている人がスリムな自分に満足し、美しい自分に喜びを感じ、褒められてうれしくなり、健康でなおかつ長生きできることに達成感を感じるのと同じである。倹約家は、お金をしっかりと管理できている自分に秘かに満足し、将来、経済的に人に頼ることなく幸せな生活が送れるだろうと確信できるようになる。

偉大な投資家として世界中で尊敬されているウォーレン・バフェットは、何百億ドルもの資産がありながら、つましく暮らしていることで有名だ。バフェットにとって、若い頃に使う1ドルは7ドルか8ドル、いやそれ以上の額の支出と同じだった。1ドルを投資に回しておけば、時が経つと、7ドルか8ドルという額になるからである。

目標を達成したときに得られる喜びを楽しみにして、そしてそのことにイメージを集中し、倹約家やスリムな人たちの多くはその過程を楽しむ。そういった人たちは不満を感じることはない。目標を達成する過程が楽しい。目標が近づくにつれて、楽しみや満足感は倍加していく。皆さんにもできることだ。

節約の秘訣は理性にある。理性的になることは単純であるが、決して簡単なことではない。私たちは弱い人間であり、節約したり投資したりするには欠点が多すぎる。多くの人にとって、もう少し理性的になる方法は、この話題を隠さずに周りの友人と話し合うことだ。この友人が配偶者なら、理想的だ。彼女（彼）は自分にとって大切な人であるだけでなく、彼女（彼）にとっても自分は大切な人であり、相互に依存しているからだ。

お互い率直に話し合ったあと、あなたが自分の支出について納得したなら、それは素敵なことだ。そのままで！　しかし、多くの人たちがそうであるように、あなたのお金の使い方に本当は問題があると思うなら、それが改善への第一歩となる。

節約の簡単な第一歩は、衝動買いをやめること。店に行く前に買い物リストを作り、リスト以外の物は買わないことにする。こうすれば、自分が必要な物がはっきりするだけでなく、なぜ必要かも明らかになる。配偶者や友人が一緒に買い物に行き、「二人が賛成しなければ買わないというルール」を実践しよう。

節約をすれば、その分、将来の自分の生活を豊かにしてくれる。それは、どのようにすればより賢く使い、そしてより上手に節約できるか、自己分析することから始まる。その目標ははっきりしている。自分の生活で本当に望むものを実現することだ。

2カ月に一度、自分の支出を見直そう。もちろん、クレジットカードの支払い分も含めて。どの支出も、それだけ支払う価値のあるものだったか？　すべての支出は自分にとって必要なものであったか？　無駄遣いもあるだろう。そこで最も無駄だったと思うものに注目しよう。そのことにお金を使わなかったら、つまらなかっただろうか？　そんなにお金を使わないと、いい思い出にはならなかっただろうか？　そんなにお金を使わないで、楽しくなる方法は他にないのだろうか？

友人や店員に勧められたり広告につられて、不要な物を買ってしまった経験がこれまでなかっただろうか？　ちょっと見栄を張ってしまったことだってあるだろう。

ほとんどの人は周りの人たちの影響を受ける。自分がそうだとしても何の不思議もない。周りに影響されずに本当に必要かどうかを考えるには、ちょっと冷静になる時間を持つことだ。

人の考えに影響されているかどうか、それを調べる簡単なテストがある。みんなが持っているのに自分だけがそれを持っていないとき、自分も買いたいと思うだろうか？　自分の周りの人たち、とくに知り合いの田中君や斉藤さんとの付き合いは、自分の消費行動に大きな影響を及ぼす。彼らと同じようでいたいと思う。周りの人と同じようでありたいと思うのは、みんなと同じような服装をしたいと思うティーンエージャーだけではない。プラダ、ジバンシイ、ポロといったブランドの人気が高いゆえんだ。

自分の支出をよく見て、三つに分類してみよう。とてもよい支出、まあよい支出、どうかなと思われる支出。それから、自分にとってそんなに価値はなかったのでは、と思うものを二つ、三つ探そう。今後そういったものにお金を使わないようにする。そして、そのお金を貯金箱に入れるか、銀行に持っていく。リスが冬に備えてドングリを貯めるように。

狭くて質素なホテルの部屋に泊まるのはいやだろうか？　豪華な部屋に泊まるのが自分にとって大切なことなら、それもいいだろう。しかし、もし部屋が良いか悪いかなどさほど気にしないのであれば、節約をして自分が本当に価値を見出していることのためにお金をとっておく、またとないチャンスとなる。

街に住む人たちにとって、地下鉄はタクシーに乗るよりもいろいろと便利だ。ずっと安く、多くの場合、早く目的地に着く。しかし、それでもタクシーに価値を見出す人もいる。人それぞれだ。好みの違う二人が、幸せに結婚生活を送る。その秘訣は互いに違いを認め合って、ここまでならいいという許容範囲を設けることである。

一人が高級ワイン好きで、ワインに詳しくて、ワインをたくさん持っているとしよう。その人はレストランに行っても、ワインリストを吟味して、割安の高級ワインを見つけて注文する。ディナーで高級ワインを飲むことだけでなく、それを選択するプロセスも楽しんでいる。もう一人はまったくワインを飲まない。相手の好みを尊重する。それで二人とも幸せでいられる。

さて、節約には、小さく節約する方法と、大きく節約する方法がある。それぞれを見ていこう。

ほんのちょっとした節約をするには、いくつかの方法がある。そうすれば、それが楽しみになり、少しずつ貯まっていく。

こつこつ貯める

- ✦ クリスマスカードを今年の12月26日か27日に買う――来年用を。
- ✦ 外食するとき、まず好きな食べ物を二つ選ぶ。そして、その二つのうちの安いほうを注文する。その差額はポケットに入れる。前菜もなるべく安いものを注文する。前菜は一番好みが出るから、そうすればポケットにはもっと入れることができる。
- ✦ 映画館に行かずに、最新作をレンタルビデオ店で借りる。自宅でポップコーンを作り、冷蔵庫にある飲み物を飲みながら。
- ✦ 古本をアマゾンで買う。最新ベストセラーであっても。
- ✦ 冬には室内設定温度を数度下げ、厚着をする。

✦朝4ドルのカフェラテを飲んでいるなら、普通のコーヒーに変える。

✦自分の使ったお金はすべて家計簿につける。そうすれば、自分が使っているお金の多くは、あまり必要のないものだとわかるだろう。

✦毎日ポケットから小銭を取り出して豚の貯金箱に入れよう。貯まればバケーションにも行ける。月末にそのお金を投資に回してもいい。

✦安い自動車保険に入ろう。ゴールド免許ならより安くなる。

✦今度バケーションに行くなら、ピークを避けて出かけることを検討してみよう。

大きく貯める

この方法なら本当にお金が貯まる。

✦もし生命保険に入りたいなら、保険料の安い定期保険に地方銀行かインターネットで加入しよう。定期の生命保険料は下がってきている。平均寿命が延びていることと、生命保険会社サイドでも顧客個人に対応した商品設計ができるようになってきたためである。インターネットで申し込めば、経費が少なくてすむから安い。10年前には40歳の標準男性で60歳までの20年間、10万ドルの死亡保険金を得るための保険料は１３００ドルだった。今日ではたった６００ドル。かなりの節約になる。

✦ 手数料の安い商品に投資を集中するとよい。手数料の安い投資商品とはどういうものか、どうすればそういった商品が手に入るかについては、のちほど述べることにする。

✦ 新車に近い中古車か、これまで乗っていた車より小さい車を買うこと。この二つの条件の両方とも満たせばなおいい。

✦ それほどでもない事故や火災に対しては、自分の貯蓄で備えるほうがいい。自動車保険と火災保険はかなり税控除があるので、大きな事故や火災に対してはしっかりと保険を掛けよう。保険会社のコストのほとんどは、少額な請求関連のペーパーワークによるものだ。ということから、損害保険はあまり起こりそうもない大事故に対してのみ掛けるとよい。

✦ 今年の支出は、２、３年前の支出以下に抑える。

✦給料の5～10パーセントを天引き預金すること。そして、それをIRAなど税金のかからない口座に繰り入れる。こうすれば、自分で自分のためのお金をとっておき、税金で取られるものは少なくなり、無駄遣いもできなくなる。
✦「セーブ・モア・トモロー」(積立額を年々増やしていくプラン)という貯蓄プランに入ろう。そうすれば、来年の賃上げ分の一部も貯蓄に回すことができる。

機会費用(ある決断を下すのは、他のチャンスを捨てるということ)という言葉について考えてみよう。たとえば、今使おうとしているお金を他に回せば、もっと有効に使えるかもしれない。あるいは、今使うお金をとっておけば、退職する頃にはかなりの額になるだろう、と考えてみるのだ。ベンジャミン・フランクリンの有名な言葉がある。「1ペニーの節約は1ペニー稼ぐのと同じこと」。この言葉は正しいのだが、全面的に正しいわけではない。補足すべきことがある。72の法則の存在だ。お金を貯めてそれを投資に回せば、7パーセントのリターンが得られる。今日

1ドル節約すれば、10年後には2ドルになり、20年後には4ドル、30年後には8ドルと、どんどん増える。若者がつまらないものに1ドル使ってしまうということは、退職時には10ドル損をしたことになる。

それでも浪費するのをやめられない人は、次の言葉を覚えておいてほしい。死ぬよりもつらいことがある。それは、退職後に備えて蓄えておいたお金以上に長生きすることだ。

税優遇策をフル活用する

人は税金をできるだけ少なくしようと努力してきた。何百年以上も昔、トスカーナの領主は塩に税金をかけた。そこでトスカーナのパン屋は、パンを作るのに塩を使うのをやめることにした。それが今日のおいしいトスカーナパンとなった。アムステルダムに行ってみると、ほとんどの古い家は間口が狭く、軒が高いことに気づくだろう。間口の広さを基準に税金がかけられていたので、住民は不動産税をできるだけ安くするために、そのような街並みになった。もう一つ、家屋の例がある。

フランスでよく見られる二重勾配になったマンサード屋根だ。不動産税は部屋数に課せられた。そして、2階と3階の部屋は1階に準じたものとみなされた。しかし、マンサード屋根が上に乗ると、3階の部屋は屋根裏部屋とみなされて、税金は課せられなかったのだ。そこで、歴史の知恵に学ぼう。税金を節約することが家計運営の大切なポイントとなる。税金を節約すれば、それを蓄えて投資に回せる。

といっても、税金を誤魔化しなさいと私たちは言っているわけではない。そんなことは決して考えないでほしい。そうではなくて、税金のかからない、さまざまな制度をフル活用して、あなたの預金や投資を増やそうということだ。

アメリカでは、消費者は長年にわたって収入以上にお金を使うという生活を送ってきた。つまり、過剰な消費、不十分な貯蓄、多額の借金というのが実態だ。アメリカ国民に貯蓄を勧めるために、国の政策としてさまざまな税金の優遇策が取られている。ところが残念なことに、アメリカ人の多くはこの優遇策を利用していない。かなりの金持ち以外の人たちはみな、老後のための蓄えが生み出した利益に対して税金を払う必要がない。大金持ち以外の普通の人たちは、退職に備えて投資をしても、そこから得た収入には税金を払わずにすますことができる。

自分の家を持とう

「お金の貸し手にも借り手にもなるな」というせりふを、シェイクスピアの『ハムレット』の中でポローニアスが言っている。シェイクスピアは正しい——たいていの場合は。ほとんどの法則と同様に例外もある。住宅ローンは別だ。カードローンは絶対に使ってはならないが、住宅ローンを借りるのは賢明なことだ。それには四つの理由が挙げられる。

1 子供を育てるときに、若い家族は子育てに適したところに住むことができる。

2 銀行は収入で返せる範囲内でしか貸さない（これは70年にもわたって正しかった。しかし最近になって、銀行の貸しすぎが明らかになり、世界中が不況に見舞われてしまった。しっかりとした住宅ローンのルールが確立されようとしている。結構なことだ）

3 住宅ローンは普通の借金とは違う。住宅ローンを借りるときには、自分がいつ払い終えるかを決める（普通の借金はそうではない。クレジットカードもそうだが、貸し手がいつ返し終えるかを決める。借りた人の都合の悪いときに決められる可能性がある）。また、住宅ローンを借りて家を買うと、税金の優遇を受けられる。住宅ローンの利息を控除できる。それだけ、国が所得税を低くしてくれるということ。

4　住宅ローンの利率はカードローンの利率よりはるかに低い。

家の値段は100年以上インフレとともに上がり続けている。ということは、家を所有すると、インフレに対抗できるということになる。もちろん、2006年から2008年にかけての住宅バブルの際に買ったものはあてはまらない。しかし、住宅の価格はこのところ落ち着きを見せていて、自分の家を買うことは家族の幸せのためにも賢い投資であるといえる。

今から始めても遅くはない？

「わかったよ、先生」。「でも、この本を20代のときに読んでいればよかった。若いときに蓄えもせず、ローンも残っている。今、50代になってしまった（60代かもしれない）。ほとんど貯蓄がない。この穴埋めを、どうすればいいんですか？」

幸いなことに解決策はある。若いときに蓄えをしてこなかった人たちのために、アメリカには退職後の生活に備えた税控除奨励策がある。しかし、容易なことではない。失われてしまった時間を取り戻す唯一の方法は、今すぐ、きちんとした貯蓄計画を立てることだ。50歳以上の人には税金が優遇される退職貯蓄プランがある。雇用者が負担する401（k）や個人退職プランを使えば、中年の人たちは税金を節約でき、投資によって得られる所得には税金がかからない。

退職を目前に控えて、不安は多い。しかし、唯一確かなことがある。無駄遣いは、しなければしないほどより多く蓄えられる――できるだけ多く蓄えるのが基本だ。今の生活を少し切り詰めて、貯金を始めるのに遅すぎるということはない。今住んでいる大きな家を売って、小さくて安い家に引っ越してもいい。あまり住居費のかからない、地価の安いところ、固定資産税の安いところへ引っ越すこともできる。簡単には決められないだろうが、そうすることで、蓄えずに無駄に過ごした時間を取り戻すことができる。

何年か仕事を辞めないで働き続けるという選択肢もある。60歳とか65歳とか、70歳で仕事を辞めなさいと、法律で決まっているわけではない。実際のところ、70歳でパートとして働いている人たちは、何もしていない人たちよりも健康であることが多い。年を取っても働き続けると、年金を多くもらえることもある。

持ち家があるなら、家の資産価値を最大限に利用しよう。この本を書いている今現在、住宅ローンの利率は低い。もし住宅ローンの借り換えをしていないのなら、金利の低い今、ただちに借り換えをしよう。2009年時点で長期住宅ローンの金利は6パーセントにもならない。そうすれば、毎月の住宅ローンの支払いが減り、そのお金を将来に向けて蓄え、投資に回すことができる。退職後はその持ち家が残り、あなたの大きな資産となる。それを「リバース・モーゲージ」に利用することもできる。これは、家を担保にしてお金を借りる制度のこと。住宅ローンの逆で、家を担保にして家の担保価値の限度まで、少しずつお金を借りるというシステム。

もちろんこれは預金でもなく、子供に家を残すこともできないが、自分が必要なお金をこれで用立てることができる。

> 若い頃からの蓄えがない人にとって、
> それでも老後を金銭的に安定したものにするための基本ルールとは、
> 「今すぐ節約を始めよう」である。

とにかくつつましく暮らし、クレジットカード・ローンを使わないことだ。たとえ若い頃からきちんと蓄えてこなかったとしても、経済的に安定するための基本ルールとは、いつから始めても遅すぎることはない、ということだ。

II

シンプルな投資法

「デイジーと僕とで50勝をあげてみせる」[1]

「10年後には月への安全な旅行が可能になるだろう」[2]

「私は必ずここに帰ってくる」[3]

こういった大きな野望を達成するには大切な条件がある。具体的であること。計画が具体的であれば、その計画に沿って実現することは難しくない。もう一つの条

（訳注1：1930年代、カージナルスのデイジー・ディーン投手の兄、デフィー投手の言葉）
（訳注2：ジョン・F・ケネディの言葉）
（訳注3：第2次世界大戦中にマッカーサーが日本軍に追われてフィリピンを去るときに言った有名な言葉）

件は、計画を確実に実行すること。その計画が実現可能なものであれば、目的は達成できる。その目標が市場におけるものであっても同じだ。現実的な計画こそ、その目標を達成するための支えになる。

スポーツの世界においても、多くのコーチは計画を立てることを勧めている。自分のトレーニング計画を立て、その計画どおりに実行する。同様に資金計画においても、シンプルで明確な目標を立て、それに従って実行することが大切だ。

投資手段として、手数料の安いインデックス・ファンドを使う、とても簡単なプランをここで紹介したい。インデックス・ファンドは株式市場（または債券市場）のすべて（すべてではないときもあるが）を、銘柄を選ばずに単純に買うものだ。この「選択をしないで市場にある銘柄全体を買う」インデックス・ファンドに投資することで、あなたはすべての主要な企業の株主となる。個々の銘柄の株や債券、投資信託に投資するのと比べて、このインデックス・ファンドはこの銘柄を買って損をした、得をしたと心配せずにすみ、時間もかからない。

簡単な投資方法であるインデックス投資は、
一般的にいえば、個々の株や債券に投資する
アクティブ運用ファンドよりもリターンは高い。

このシンプルな投資方法――インデックス・ファンドへの投資――は、一般的にいえば、個々の株や債券に投資するアクティブ運用ファンドよりもリターンは高い。しかし、証券市場にはあらゆる情報が渦巻いているので、なかなかこの事実はわかりにくい。著者の二人も、このインデックス・ファンドを使って退職後の資産形成を実際に行っている。そして、みなさんにこれをお勧めする。

市場以上に賢いものはない

ほとんどの投資家に、株式市場の平均以上によい成績を出すことはできないのだ、

ということを理解させるのは難しい。投資のプロでさえ、この事実を認めようとしない。プロの人たちは、最も値上がりしそうな株を選んで買っているのだと思うことで、高額の報酬を得ているのだから（作家のアプトン・シンクレアは１００年も前に、「本当は自分はわかっていないのにそこから収入を得ている人に、自分はわかっていないということを理解させるのは困難である」と述べている）。これが市場の冷厳な事実である。市場はときどき突然値上がりしたり、値下がりしたりして、人々を振り回す。株式相場の動きを予想するにしろ、個別の株を選択するにしろ、いつもその判断が当たっている人など、世の中にはほとんどいない。

どうしてラジオやテレビ、インターネットで新しい耳よりのニュースを聞いて、ただちに売買しても儲けられないのか？　それは四六時中、個別銘柄の分析を仕事にしているプロのファンド・マネジャーが、あなたがそのニュースを聞いて株を買う前に、すばやくその株を買っているからだ。ほとんどの重要なニュース（たとえば企業の買収提案がなされたとか）は、市場が閉まってから発表される。次の日の市場が開くときには、その提案による値上がりはもう織り込まれてしまっている。自分がそんなニュースを聞く頃には株式市場の価格にはもう織り込まれてしまっている、ということがおわかりになるだろう。みんなが知っているニュースは何の役にも立たない。『ウォールストリート・ジャーナル』の金融コラムニスト、ジェイソン・ツバイクは次のように述べている。

私は多くの人の「自信とやる気を奪っている」とよく非難される。というのは、市場に勝とうという人を誰も信用しないからである。私がまったく必要でないと思う情報が、そこでは大切な情報とされている。個人的にいえば、その情報が究極の自信とやる気のもととなっているようだ。これから相場がどうなるのかというすべての（あらゆる人の）情報をいち早く手に入れれば、長期的には他の投資家の誰よりもよい成績を上げられるだろう。しかし、そんなことは不可能だ。「すべての情報をいち早く手に入れることはできないのだから、私は株式市場には深入りしない」というのが、賢明な策である。❖

❖ Jason Zweig, *Your Money and Your Brain*, Simon & Schuster, 2007.

この話は市場価格が正しいと言っているのではない。株式市場はたびたび大きな誤りを犯している。市場はその動きのもとになる理由よりも、はるかに不安定な動きをしがちである。2000年の初めには、IT関連株は想像もつかないようなところまで暴騰した。その後、いくつかの銘柄は90パーセント以上値下がりしてしまった。住宅市場は2000年代半ばまでバブルとなっていた。2008年、2009年に入ってそのバブルがはじけると、不動産市場だけでなく、世界中の銀行株やその他の金融関連株も壊滅的な打撃を受けた。

市場以上に賢いものはない。

あのとき、運用プロのアドバイスを聞いていればこの金融危機も乗り切れただろう、などと微塵も考えてはならない。プロのファンド・マネジャーが運用しているファンドもまた、ITや金融関連株を大量に買っていた——それも最高値のときに。

つまり、バブルの動きに取り残されまいという気持ちが働き、プロのファンド・マネジャーも進んで参加していたということだ。しかも、プロのファンド・マネジャーの運用するファンドの現金比率は、市場の天井で最低、大底で最高という傾向を持っている。つまり、天井まで買い上がり、大底まで売り下がる。高く買って安く売っているわけだ。「明らかに割安だ」とか「割高だ」という解説は後講釈でしかない。伝説の投資家バーナード・バルークは、かつてこう述べたことがある。「いつも安いときに買い、高くなったら売る、というマネジャーがいるとしたら、その人は嘘つきだ」

ディメンショナル・ファンド・アドバイザーのレックス・シンクフィールドは、これを皮肉って、「市場がうまく機能しないと考えているのは、三種類の人たちだけだ。キューバ人と北朝鮮の人たち、それとアクティブ運用をしているマネジャーだ」と言っている。

インデックス・ファンドという手法

インデックス・ファンドは、市場を構成しているすべての株を買って持つという単純な投資方法である。私たちは長年の経験から、投資対象の広いこのファンドが、手数料も安いよい方法ではないかと考えてきた。さらに、そのための証拠が積み上がっていくにつれて、このインデックス・ファンドのよさをますます認めざるを得ない。10年以上にわたって、この広範囲に株式を買うインデックス・ファンドは、アクティブ運用の投資信託の3分の2、いやそれ以上にいつも勝っている。

インデックス・ファンドに完敗した投資信託のマネジャーの数は驚くほど多い。次の図表1は、アクティブ運用の投資信託の運用成績とS&P500インデックスとを比較したものだ（S&P500は、全米大企業500社の平均株価の動きを示す指数）。10年間で3分の2の投資信託のマネジャーが、人気の高いこのインデックスに負けている。

投資手法としてのインデックス・ファンドの優位性は、S&P500指数に含ま

（図表1） S&P500指数がアクティブ運用投資信託に勝った比率（2008年12月31日までの期間）

過去1年間	過去3年間	過去5年間	過去10年間	過去20年間
61%	64%	62%	64%	68%

（出所） リッパー、バンガード・グループ

れる500社すべてに投資したリターンと、アクティブ運用の投資信託のリターンを比較すると、さらに明らかになる。次の図表2は、インデックス・ファンドが過去1年、いや次の年も、その次の年も、何年にもわたって1％近く、平均的なアクティブ運用の投資信託に勝っていることを示している。◈

どうしてこのようなことが起こるのか？ 高給をもらっているマネジャーたちが、本当は優秀ではないからか？ そんなことはない。彼らは優秀である。

◈ 私たちが推奨する、すべての株を買うファンドは最近になってできたものなので、ここではS&P500との比較をしている。

（図表2）　アクティブ運用の投資信託とS&P500との年間平均リターンの比較
（2008年12月31日までの20年間）

S&P500 インデックス・ファンド	8.43%
アクティブ運用投資信託の平均*	7.50%
差	＋0.93%

（注）　＊リッパー社の全調査対象ファンドより。
（出所）　リッパー、ウィルシャー、バンガード・グループ

では、全体として、なぜアクティブ運用は市場平均リターンに勝てないのか？　その理由は次のように考えられる。発行済みの株式はすべて誰かに保有されているはずだ。プロの投資マネジャー全体としては市場取引の90％を占めている。そのマネジャーを通して買われた株の最終保有者は年金資金だったり、401（k）プランだったり、IRA（個人積み立て年金制度）であったりする。だが、こうしたプロのマネジャーが全体としては市場には勝てない。なぜなら、彼ら自身が市場だからだ。

投資家は市場でリターンを稼がなければならない。勝った投資家の利益の合計は、損した人の損失合計と等しい。これをゼロサム・

ゲームと呼ぶ。ある投資家が運よく市場価格より高くなった株しか持っていなかったとする。そうすると、他の誰かは市場価格以下の株を持っているということになる。みんなが平均以上にうまくいくということはない。ギャリソン・キーラーの小説のウォビゴン湖に出てくる話のように、みんなが平均以上になるということは不可能であり、現実にそうはなっていない。[4]

では、なぜ投資のプロが市場平均に負けるのか？　実際のところは、経費を差し引く前は、市場リターンと同じ程度の実績は上げている。しかし、アクティブ運用の投資信託は運用手数料として年平均資産の1％の信託報酬を取る。アクティブ運用のマネジャーの手数料である。一般的にいえば、市場平均にかなり負けているにもかかわらず、報酬を取っている。

低コストのインデックス・ファンドの手数料はその10分の1にすぎない。インデックス・ファンドはアクティブ運用のように、「優良銘柄」を探して世界中を駆け

（訳注4：毎週日曜日、20年以上も続く人気ラジオ・ドラマ。ウォビゴン湖は架空の場所。いつも番組の最後に、ここでは女は強く、男はハンサムで、子供はみな平均以上という言葉で締めくくられる）

回るアナリストに高給を払う必要がない。加えて、アクティブ運用の投信は年1回資産内容を見直して入れ替える。この売買により、売買手数料のほか、「マーケット・インパクト・コスト」（自分の買い注文で値段が上がるというようなマイナスのコスト）など、さまざまなコストが発生する。このように、プロのマネジャーは全体として、自分の運用手数料と売買コストの分だけ市場には勝てなくなる。これらの経費は証券市場の「胴元」のポケットに入るだけで、あなたの年金資産にはならない。これが、アクティブ運用のマネジャーがなぜ市場平均に勝てないかという理由であり、そして市場がなぜアクティブ運用マネジャーに勝てるかという理由でもある。

第二のウォーレン・バフェットはどこに?

勝っているマネジャーもいるのではないか?　この四半期、この1年、いやここ数年、市場平均に勝ってきたというマネジャーの話を、ときどき聞くことがある。たしかに市場に勝っているマネジャーは存在する。しかし、そんなことは本質的なことではない。本当の問題は、これから市場に勝つことのできるマネジャーをどうやって選ぶことができるのか、ということだ。

それこそが本当に難しい問題だ。理由は以下のとおりである。

1　市場に勝つのはほんの一握りのマネジャーである。1970年以来、継続して市場を大きく上回って勝ってきたマネジャーは、片手の指の数くらいしかいない。優れたコンピューターを駆使し、意欲があり、市場に詳しく、仕事熱心なマネジャーが、このパフォーマンス競争の激しい業界に増えてきている。それにつれて、今や市場の90パーセントの売買取引を行う他のプロたちと毎日競わなくてはならないので、どのマネジャーも、市場を上回る運用パフォーマンスを上げることはますます困難になってきている。

2　もう一度言おう。誰にも、どのファンドが勝つか事前にはわからない。モーニングスターをはじめとして、人気のある投資信託の格付機関でも正確にはいいあてられない。

3　ファンドが市場平均に勝ったとしても、その超過利益は負けたファンドがこうむる損失には及ばない。したがって、複数のファンドに投資し、そのうち市場平均に勝つファンドが2、3あったとしても、全体の成績としては市場平均を下回ってしまう。

過去の成績をもとにして唯一有効に予測できることは、将来成績不良のファンドを見出すことだ。これまで明らかに成績の悪いファンドは、これからも成績が悪いだろう。成績の低迷が続くのは、手数料の高いファンドに多い。運用能力が要因の場合は回復することもあるだろうが、こういった高い手数料は毎年、毎年継続して取られるから救いようがない。

投資専門メディアは、直近時点で市場に勝ったマネジャーを投資の天才と褒めそやす。そして、こうしたマネジャーは相場見通しや今後値上がりしそうな銘柄について、テレビでとくとくと話をする。では、このところ調子のよいマネジャーという騎手に自分のお金を賭けてもいいのか？　やめたほうがいい。というのは、平均以上の成績を上げ続けることは難しいからだ。去年、市場より成績がよかったからといって、そのマネジャーの成績がその次の年もよいとは限らない。この賭けに勝ち続ける確率は、コインを投げて表が出る確率と同じである。たとえ、このところ表が続いて出ているとしてもだ。10年間トップの成績を収めているファンドといえども、その次の10年間も同じような成績を収めることはないだろう。投資信託の成績には市場と同様、法則性はない。

２００９年1月の『ウォールストリート・ジャーナル』に、「素晴らしい」投資成績がいかにはかないものであるか、という典型的な事例が載った。２００７年12月31日までの9年間で、14の投資信託が9年続けてS&P５００を上回った。この好成績はファンド・マネジャーの才覚によるものというのが、こういった投資信託の売り文句だった。では２００８年に、これらのうちどれだけが市場に勝てたのか？ それは図表3が示すとおり、14投資信託のうちたった一つだけだった。調査をすればするほど、同じような結論になる。よい成績の投資信託を追い続けることは、お金の無駄であり、精神衛生上もよくない。やめたほうがいい。

例外のない法則はあるだろうか？ すべてのプロのマネジャーの中で、ウォーレン・バフェットの記録がずば抜けている。40年間にわたってバフェットの会社、バ

（図表3） S&P500より成績よかったのは1本のファンドだけ

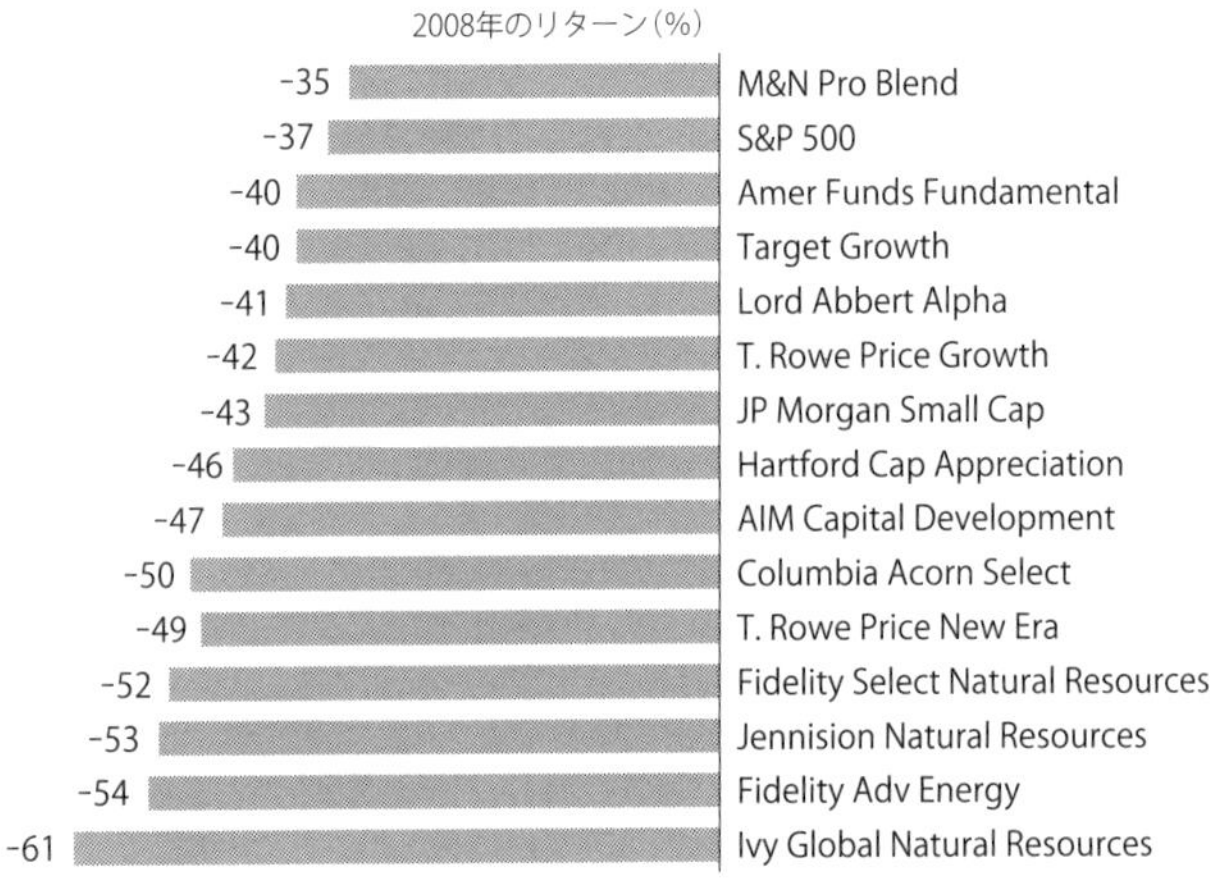

（出所）『ウォールストリート・ジャーナル』2009年1月5日

ークシャー・ハサウェイは全体として株式市場の2倍のリターンを投資家にもたらしてきた。しかし、この記録はマスコミがよく言うように、彼が割安株を買う能力に長けていたからというだけではない。バフェットは株を買い、その株を持ち続けたのである。バフェットいわく、正しく選ばれた株の保有期間は永遠だ。そしてまた、彼は投資先の会社の経営に積極的に関わった。たとえば、彼の初期の成功例のワシントン・ポストのように。そのバフェットもまた、ほとんどの投資家はインデックス・ファンドに投資するのがよいと言っている。イエール大学基金の優れたファンド・マネジャーのデイビット・スウェンセンも同意見である。

今後40年間に、第二のウォーレン・バフェットが出現するだろう、と思う。ひょっとしたら一人ではなく、何人か出てくるかもしれない。しかし、誰がそうであるかは今の時点ではわからない。これまでの数字が示すように、過去の成績は将来の指針とはならないからだ。第二のウォーレン・バフェットを探すことは、干草の山の中から1本の針を見つけ出すようなものだ。私たちは干草を買うよりも、手数料の安いインデックス・ファンドを買うことをお勧めする。

債券でもインデックス投資に軍配

株式市場でインデックス・ファンドが有利なら、債券市場ではインデックス運用はより有利といえるだろう。自分の資産を一種類の債券だけに（たとえばゼネラル・モーターズだけとか、クライスラーだけとか）投資しようとは思わないだろう。

債券を発行しているどんな会社でも、経営状態が悪くなり、満期日に返済できないという事態が起こりうるからだ。だから債券でも、なおさら分散投資が必要である。債券投資信託が必要になる理由だ。そして、債券のインデックス・ファンドを使うのが賢いやり方である。現実にアクティブ運用の債券ファンドよりも、インデックス・ファンドのほうがいつの時点をとっても成績がよいことが実証されている。次の図表4はこのことを端的に示している（とくに短期債、中期債において）。

グローバルな視野でとらえよう

インデックス運用の有利さは、アメリカ以外の市場でも明らかだ。ほとんどのグローバル株投資のマネジャーは、アメリカを除く先進国株、つまりＭＳＣＩ　ＥＡＦＥインデックス（ヨーロッパ、オーストラリア、極東）のすべての株を買う、手数料の安いインデックス・ファンドに負けている。より投資効率の悪い新興国市場の株でさえ、インデックス・ファンドはいつもアクティブ運用に勝っている。多くの新興国市場では流通株が不足し、売買の値幅が大きく、売買手数料も高いなどの

（図表4） アクティブ運用の債券ファンドが国債、社債のインデックスを下回った割合（2008年12月31日までの10年間）

	国債	社債
短期	98%	99%
中期	88%	73%
長期	70%	57%

（出所） モーニングスター、バークレイズ・キャピタル、バンガード・グループ

問題があるため、売買回転率の高いアクティブ運用は勧められない。これまで株価操作がなされた事例の多いいくつかの途上国においても、インデックス・ファンドの優位性は揺るがない。

お手軽でコストも税金も安い

インデックス・ファンドの大きな強みの一つは、税金面で有利なことだ。アクティブ運用ファンドの場合、税制上優遇されている退職プランの中で運用しないとなると、当然課税対象となる。株式売買によって利益が出ると、税金を払わなければならない。そして短期の株式売買

益については、所得税と地方税を合わせて50%を優に超えることもありうる。一方、インデックス・ファンドは長期にわたって保有するので、さし当たってこれといった売買益は出ず、課税対象となる収入も出てこない。手数料と税金のことを考えると、アクティブ運用がインデックス・ファンドと同じだけの投資効果を上げるためには、市場よりも年間4・3%も上回るリターンを上げなければならない。つまり、インデックス・ファンドにアクティブ運用が勝つ可能性は、現実にはゼロといえるだろう。

　インデックス・ファンドの優位性をまとめてみよう。まず第一に、インデックス・ファンドは単純な仕組みである。何千ものアクティブ運用ファンドを自分で評価して選ぶ必要がない。第二に、インデックス・ファンドはコストが低く、税金も安い。最後に、インデックス・ファンドは今後の予想が立てやすい。市場の株価が下降トレンドにあれば、損をすることがわかる。しかし、多くの投資家同様、投資信託のマネジャーが2000年の初めにIT関連株を売り、2008年には銀行株を投げ売りしたときでも、他の人たちと違って、市場より大きく損をすることはないと確信できる。インデックス・ファンドに投資をしていても、ゴルフクラブや美容室で「この銘柄を見つけて値上がりした」とか、「このファンドに投資して大儲けした」と自慢できない。そんな理由からインデックス・ファンドは「最も平凡な運用」と呼ばれる。しかし、インデックス・ファンドは、実質的に平均以上を保証する勝者のゲームだといえる。リターンに大きなコストがかからないからだ。

いくつかの注意点

しかしながら、すべてのインデックス・ファンドが同じというわけではない。いくつか注意点を挙げておこう。ものによっては、知らないうちに高い手数料を取られていることがある。国内普通株ファンドの場合は年間０・２％のものに限るべきだ。そして、海外株を買うファンドはアメリカ国内のファンドよりコストがかかるので、手数料が最低のインデックス・ファンド投資にとどめておくべきである。

ＥＴＦ、すなわち上場投資信託も悪くない。これは主たる証券取引所で取引され

❖ウインダム投資顧問会社のＣＥＯのマーク・クリッツマンの見積もり）

ていて、株式同様に簡単に売買することができる。ＥＴＦはアメリカ株全体と、アメリカ株以外のもの、また国別・産業別のファンドも存在する。ＥＴＦは投資信託と比べいくつか利点がある。多くの場合、インデックス・ファンドより手数料がさらに安い。また、取引所が開いている限り、いつでも買ったり売ったりできる（投資信託のように1日1回終値で、というわけではない）。このことから、プロのトレーダーもヘッジ目的（手持ちの売りまたは買いのリスクを減らすため）の売買にいつでも使っている。節税という観点から見ても、投資信託よりさらに有利である。これを売っても税金はかからないからだ。

しかし、ＩＲＡや４０１（ｋ）といった退職年金口座への定期的な入金を目的とする場合、ＥＴＦは適さない。毎年継続的に行う少額の積み立てに対しては売買手数料が高すぎるからだ。毎回積み立てるときにＥＴＦを解約する必要があり、そのつどかなりの手数料が取られるということだ。これに対し、ノーロード（手数料ゼロ）のインデックス・ファンドの場合、入金のための解約に対してはコストがかからない。そのうえ、投資信託は配当金を自動的に再投資することになっているが、ＥＴＦの場合、再投資のための手続きが必要となる。このような理由から、毎年少しずつ積み立てる個人年金口座用としては、ＥＴＦよりも経費の安いインデックス・ファンドをお勧めする。

インデックス・ファンドについて述べているこの章は、あと二つ、アドバイスをしてから終了しよう。まず、多くのインデックス・ファンドの中からどれを選ぶかという問題だ。アメリカの膨大な投資信託やＥＴＦの中で最も有名なのは大企業株を対象としたＳ＆Ｐ５００インデックス・ファンドだが、私たちは中小企業株をも含むラッセル３０００インデックス・ファンドやダウ・ジョーンズ・ウィルシャー５０００インデックス・ファンドを勧めたい。これらの広範囲の株を買うファンドは、「全市場型インデックス・ファンド」といわれている。80年以上にわたる株式市場の実績を見ると、小型株は大型株中心のＳ＆Ｐ５００より高いリターンを上げている。中小企業は当然、経営状況が大企業と比べて安定せず、倒産の危険性も高いが、平均的に見れば将来大きく成長する可能性も高い。全市場型インデックス・ファンドは、長期の経済成長の恩恵を得るにはよりよい方法である。

最後のアドバイスは、これまで述べたような証拠があっても、まだ自分は市場より株をよく知っていると思っている株式ファンへのものだ。第二のグーグルのような成長株を見つけ、ウォーレン・バフェットのようになると意気込んでいるのなら、私たちはそれ以上何も言えない。あなたが市場に勝つ確率は、競馬やカジノで勝つ確率よりは高く、個別銘柄への投資はきっと大きな楽しみなのであろう。しかし、退職後に備えての大切なお金は、やはりインデックス・ファンドに投資することを勧めたい。それからプロのファンド・マネジャーたちもしていることを見習うとよい。すなわち、資産の大半はインデックスに近い形に分散投資し、そのうえで、いくつか確信の持てる銘柄を加えるという手法だ。しかし、資産の核の部分、とくに退職資金は、株と債券のできるだけ広範囲のインデックス・ファンドに分散投資することが望ましい。安定した老後のための資金をリスクの少ない方法で運用し、余った資金で「マーケット・ゲーム」が楽しめる。

実を言うと…

完全な人間などいない。私たちも例外ではない。たとえば、私たちのうちの一人は、ある一つの銘柄に入れ込んでいる——ユニークな会社で、バークシャー・ハサウェイというのだが。35年もの間、この株を持っているが、売る気は今もない。これだけでもあまり賢いやり方とは思えないが、彼は毎日その会社の株価をチェックしている！　もちろん、馬鹿げているが――馬鹿げていることは彼自身もわかっている。しかし、やめられないのだ。もう一人は中国の個別銘柄に投資し、中国に入れ込んでいる。成長株となりそうなものを選び、将来孫たちに中国投資のどでかい話ができると信じている。ただ、これだけは言っておきたい。私たち二人とも退職資金は安全なインデックス・ファンドで運用している。私たちの子供たちもインデックス・ファンドで運用している！

III

一に分散、
二に分散、
三に分散

自分の身は自分で守ろう

分散投資の必要性を理解するうえで役に立つ、ある悲しい話を紹介しよう。それは1990年代後半から2000年代前半にかけて、エンロンが最も華やかだった頃、そこで秘書として働いていた女性の物語である。エンロンはコンピューターとマスコミを活用して、市場に革命を起こした時代の寵児だった。メディアは二人のカリスマ的創業者、ケニス・レイとジェフ・スキリングの技術力と大胆さをもてはやした。ウォール街はエンロンに入れあげた。株価の上がり方は、あたかも重力に反して大気圏を突破し、上昇を続けているようだった。

多くの大企業と同様に、エンロンは401(k)退職積み立てプランを社員のために用意した。毎月の給料から天引きして、自分に合った積み立てプランを選択できるように投資先リストを提供した。その選択肢の一つは自社株を買うというものだった。社長のケニス・レイは社員に、エンロン株を買うプランを強く勧めた。エンロンは音楽界に革命を起こしたエルビス・プレスリーのようであった。それに比べて、多くの電力会社はローレンス・ウェルクのアコーディオンに合わせて踊るように、まったく時代遅れに見えた。その秘書は自分の退職積立金をすべてエンロンに投資するというプランを選択した。そして彼女は自分の選択に満足していた。収入は普通の秘書と変わらないものだったが、彼女の退職積立金は300万ドルにも達した。その翌年1年間、彼女は退職後の自由時間を謳歌し、世界旅行もしようと夢心地だった。

実際、彼女は期待以上の「自由時間」を手に入れることになる。ご存じのように、エンロンは粉飾決算と不正取引の上に成り立っていた。ジェフ・スキリングは逮捕され、ケニス・レイは裁判を待つ間に死亡した。株価は暴落し、秘書のすべての退職積立金は泡と消えた。彼女は失業しただけでなく、すべての貯蓄を失った。彼女はすべての貯蓄を一つのものに集中的に投資するという間違いを犯した。過ちはこれだけではない。自社株への投資は、収入源も貯蓄も勤務先に頼るという二重の意味でリスクを集中させていたのだ。彼女は投資の絶対的大原則の一つを不注意にも守らなかった。分散投資、分散投資、分散投資。

ジェームズ・ロードスは、サラリーマン生活のほとんどを自動車部品会社で過ごした。車の泥除け、ボンネット、屋根などを作るための鋳型を加工する仕事をしていた。退職時、彼と妻はこれまで貯めてきたすべての預金を、安全性を考えてクライスラーの債券に投資することにした。年間8％という金利も魅力的だった。自動車産業で働く多くの人たちと同様に、彼らもビッグスリーは景気が最悪の状態になってもつぶれるはずはないと信じていた。そして高い金利収入によって、彼らはアメリカの快適な中流生活を過ごすことができた――しばらくの間は。しかし今となっては、ロードス夫妻の自動車産業への信頼と老後に備えた資金は露と消えてしまった。多くの個人投資家はクライスラーとゼネラル・モーターズの倒産で、ほとんどすべてを失った。安全と信じ込んでいた債券保有者に利息は支払われず、わずかに残されたものは倒産したこれらの企業の株だった（債券の元本は株式に変更された）。

こういった悲劇は、投資の原則を思い出させてくれる。広く分散投資することが決定的に重要なのである。

エンロン、クライスラー、ゼネラル・モーターズだけが例外ではない。驚くことに、多くの大企業、一見安定していそうな企業がこれまでも数多く倒産している。巨大金融関連企業でさえ。たとえば銀行ではワコビア銀行、投資銀行ではリーマン・ブラザーズ、保険会社ではＡＩＧなどが倒産し、株の暴落により合併や公的管理に追い込まれた。こうした企業の幹部の多くは、内情をよく知っていたにもかかわらず、全財産を自社株に投資していた結果、職を失っただけでなく、全財産も失った。彼らは愛社精神を持ち、「自分の会社」を信じていたからだろう。よく考えれば、大切な老後資金の４０１（ｋ）プランを自分の会社に投資することはありえない。自分の身は自分で守ろう。投資家はすべからく常に分散投資だ。

自分の身は自分で守ろう。
すべからく投資家は
常に分散投資だ。

株や債券だけでなく市場も分散しよう

分散投資とは、具体的にはどうすればよいのか？　株式投資をするとき、一つや二つの企業ではなく、何百にも及ぶさまざまな銘柄に投資をすること。そんなに財産がない人でも、かなり財産がある人たちにとっても、成功の秘訣は安いインデックス型の投資信託にある。この投資信託は何千人もの人たちからお金を集め、何百銘柄もの普通株を買う。ファンドは購入したすべての株の配当を受け取り、決算処理もする。要望に応じて、こうした配当金をファンドへ再投資することもできる。

ある種の投資信託は、バイオテクノロジーとか中国株に特化しているものがある。しかし、私たちがお勧めするのは、広範な業種を網羅したさまざまな会社の株を保有する投資信託だ。第V章で、コストが最も安く、最も広く分散された投資信託を選ぶコツを紹介しよう。

> 証券の種類、市場にわたって
> 幅広く分散投資をしよう。
> 時間分散にも注目。

広く分散された株式銘柄を保有することにより、投資家はリスクを軽減できる。それは、何か経済的な出来事が起こったとしても、すべての会社に同じような影響を与えるわけではないからだ。新薬が許可されたといった画期的な報道があれば、その薬の開発メーカーの株が急上昇する要因となる。逆に、その新薬によって時代遅れになってしまった競合製品の会社はダメージを受ける。深刻な不況のときでも、どのような顧客層を持った企業かによって受ける影響は異なる。たとえば、人々が２００９年に財布の紐を締めたとき、ティファニーの売り上げは減ったが、ウォルマートの売り上げは増えた。

株式投資でリスクを軽減するために、幅広い業種にわたって数多くの銘柄を保有するように、資産の種類そのものについても分散投資をする必要がある。その一つは債券だ。債券は企業や政府、政府関係機関などによって発行されている借用証書だ（政府関係機関などの債券は外国債券、州債券、地方自治体の債券などである。ファニーメイの名前でよく知られている連邦住宅抵当公庫のような政府機関の債券もある）。広く分散投資をしている株式投資信託を持つように、さまざまな債券に分散投資をしているファンドに投資する必要がある。

アメリカ政府は巨額の国債を発行している。こういった国債は最も安全な債券と考えられていて、必ずしも分散投資の必要性がないと考えられている。会社の業績により配当が上下する普通株と違い、債券は利息が決まっている。アメリカの財務省が発行する期間20年、利率５パーセントの債券に１０００ドル投資すれば、20年後に元金が戻ってくるときまで毎年50ドルの利息がつく。社債はこれほどの安全性はないが、広く分散投資された社債のポートフォリオは長期にわたって比較的安定した利息をもたらしてくれる。

優良な債券投資信託は、株式市場が大きな上昇や下落に見舞われたとき、それを相殺するような動きをしてリスクを緩和する。たとえば2008年、深刻な世界的不況が予想されたために、アメリカや多くの国々で株価が急落した。しかし、金融当局が景気刺激策として政策金利を引き下げたので、アメリカ国債の価格は上昇した。もし、金利が上がったり下がったりすることと、債券相場の関係がわからないのであれば、「シーソーのようなもの」と考えればよい。金利が下がれば債券価格は上がり、金利が上がれば債券価格は下がる。

他の種類の資産を持っていれば、同様にリスクを軽減できる。2008年、世界中の株式は同時に暴落した。それは世界中どこでも同じであった。しかし、多くの場合、ある国で値下がりしても、他の国では上がるということも起こる。たとえば2009年、すべての先進国は不況から抜け出せずにいたが、中国では中部や西方地域を中心に経済成長を続けている。

インフレが進行するときには、不動産や森林、石油といった、いわゆるコモディティへの投資は、製造業の株式よりインフレヘッジの効果がある。そのとき、製造業では素材価格の上昇で製造原価が上がり、利益率が下がるからだ。だから、不動産やコモディティに投資することは、長期的に見れば分散投資として有効であることがわかる。金や金鉱会社は、分散投資の選択肢の一つとしてユニークな役割を果たす。世の中が不安定になったり危機に陥ったとき、投資家は金への投資で難を逃れてきた。金はしばしば天変地異に備えるリスクヘッジ手段といわれている。

この本の第Ⅴ章で紹介しているような広範囲のインデックス・ファンドに投資をするなら、直接、不動産やコモディティ（金、石油、穀物などの実物資産）投資から利益を得るのと同じになる。いわゆる「総合株式市場」ファンドは不動産会社やコモディティ商品を含んでいる。こうした幅広く分散されたファンドに投資しておけば、すべてを網羅していることになるのである。

全市場型のインデックス・ファンド

ヨーロッパやアジアといった、アメリカ以外の市場の株式に投資することからも、分散投資のメリットが受けられる。たしかにアメリカが風邪を引くと、他の先進国は肺炎になるという面もあるだろう。2008年から2009年にかけての未曾有の大不況は、全世界を席巻した。しかし、だからといって、先進諸国の経済活動や株式市場の動きがいつも同じとは限らない。1990年代のアメリカが好景気に沸いていた頃、日本経済はその10年間まったく停滞していた。2000年代になり、米ドルは下がり、ユーロが上昇した結果、ヨーロッパ株は一段と弾みをつけた。国際化によって世界経済は緊密につながってきているが、資産の中に自動車株を持つのなら、デトロイトだけにしぼるべきではない。トヨタやホンダの株も入れたほうが賢明だろう。

普通の人たちにとって、できるだけ幅広く分散投資をすることは不可能だろうか？ そんなことはない。一つのファンドで十分幅広く分散投資しているものがある。私たちはアメリカ全市場型のインデックス・ファンドをお勧めする。このファンドは不動産会社、金鉱会社を含むコモディティにも投資をしている。非アメリカ全市場型株式ファンドは世界中の株式市場を網羅したもので、当然、新興国市場も含んでいる。同様に、全市場型債券ファンドは世界のさまざまな債券を網羅している。もしここで述べた分散投資をしてみたいとお考えなら、第Ⅴ章で具体的に紹介している。低コストで十分に分散されているもののリストである。

間違った時期に全資産をつぎ込む悲劇

最後に、とくに大切な分散投資の原則を伝えたい。それは時間差による分散投資である。すべての資産の投資を一つの時期に集中してはならない。さもなければ、市場がピークだった２０００年代の初めに、株式に全財産をつぎ込むという悲惨な結果を招くことになるかもしれないからだ。この時期に全財産をつぎ込んでしまった人は、その後10年間はマイナスのリターンを経験するはめになっただろう。１９７０年代も同様にひどいものだった。著者の一人の父親のように、１９２９年のバブルのピークにすべてをつぎ込むと、その後20年以上立ち直れない。

時間をかけて、こつこつと定期的に投資をすれば、リスクは抑えることができる。一定金額を毎月、または3カ月ごとに定期的に投資をすると、確実に株価が安い好条件のときに自分の資金を投資に回せる。投資アドバイザーはこのテクニックをドル・コスト平均法（定期定額投資）と呼んでいる。この方法で長期にわたって投資をしていくと、株価の高いときは少ししか買えないが、株価が低いとたくさん買える。リスクがなくなるわけではないが、一時的な値上がりのときに全資産を投入するという悲劇は防げる。間違った時期にすべての財産を株に投入すると、一生涯、株式投資を避けることになり、ダメージはさらに大きくなる。

ドル・コスト平均法は、毎年確実に株価が上がっていく局面よりも、株価が上昇、下降を繰り返すときにより効果がある。5年間、1000ドルずつ全市場型インデックス株式ファンドに投資したとしよう。この場合、二つのシナリオが考えられる。一つめのシナリオは、株式市場が不安定で、投資を始めてすぐに株価が急落し、5年後にちょうど始めたときの価格に戻した場合。もう一つのシナリオは、投資を始めてから株価は毎年上がり続けた場合。はたして、どちらの場合が利益を多く得られるか少し考えてみよう。みなさんは株価が毎年確実に上がっていったときのほう

(図表5) 毎年1000ドルずつ投資した際のケーススタディー

(単位:ドル)

	相場が大きく上下にふれ、最後に元の価格に戻るケース			市場が継続的に上昇するケース		
年	投資金額	インデックス・ファンドの価格	購入ファンド数	投資金額	インデックス・ファンドの価格	購入ファンド数
1	1,000	100	10	1,000	100	10
2	1,000	60	16.67	1,000	110	9.09
3	1,000	60	16.67	1,000	120	8.33
4	1,000	140	7.14	1,000	130	7.69
5	1,000	100	10	1,000	140	7.14
投資額合計	5,000			5,000		
購入ファンド数			60.48			42.25
買ったファンドの平均コスト		82.67	(5,000/60.48)		118.34	(5,000/42.25)
5年後の資産額		6,048	(60.48×100)		5,915	(42.25×140)

(出所) モーニングスター、バークレイズ・キャピタル、バンガード・グループ

が利益が多いと思っているのではないだろうか？　では、数字を見てみよう。

図表5は、毎年1000ドルずつ投資した結果を表したものだ。投資額は両者ともに5000ドルだが、最初のケースでは、不安定な時期に投資をした人が5年後に得る額は6048ドル――1048ドルもの利益を上げた――終わったときの株価は始めたときとちょうど同じであるにもかかわらず。一方、毎年株価が順調に値上がりし、終わったときには40％も値上がりをしていたが、その人が得る額は5915ドルとなる。

ウォーレン・バフェットは、このような投資原理を明快な論理で説明している。

簡単なクイズ：あなたは牛を飼っているわけではないが、もしハンバーガーを一生食べたいなら、牛肉の値段は安いほうがいいか、高いほうがいいか？　同様のクイズ：あなたが自動車メーカーに勤めているのではないとして、何年かに1回、車を買おうと思うなら、車の価格は安いほうがいいか、高いほうがいいか？　こういった質問の答えは明らかだ。

しかし、最後のクイズ：あなたが今後5年間で本当に利益を上げたいと思うなら、その間、株価は高いほうがいいか、低いほうがいいのか？ 多くの人たちは、このことをよく理解していない。今後ずっと株を買っていこうと思っているにもかかわらず、株価が上がると元気になり、下がると落ち込む。実際には、ハンバーガーの値段が上がると喜んですぐに買うようなものだ。このような行動は馬鹿げている。近々売ろうと思っている人なら、株価の値上がりを喜んでよいのだが、これから株を買おうと思っている人は株の値下がりを喜ぶべきなのだ。

しかし、ドル・コスト平均法は、株式投資のリスクを抑える万全の解決策とはいえない。株式相場が暴落したとき、たとえば2008年のようなとき、401（k）プランの投資価値を守ることはできない。どんなプランでも大不況からは逃れることはできない。そして、景気の先行きが真っ暗闇だとしても、定期的に投資を続けるために現金と自信を持ち続けなければならない。経済ニュースを見るのがどんなに怖くても、楽観的兆候がまったく見当たらなくても、このドル・コスト平均法による投資を途中で投げ出してはならない。もし途中で投げ出してしまえば、株価が急落したときに株を買うという恩恵を失うからだ。この投資法はこのような特典を与えてくれる。つまり、資産の平均取得価格をこれまでよりも引き下げてくれるということだ。なぜなら、価格が低いときにはより多くの株式が買え、高いときには少ししか買えないからだ。

投資アドバイザーの中にはこの方法を勧めない人もいる。というのは、株式市場が上昇を続ける場面では機能しないからだ（最初に5000ドルすべてをつぎ込んだほうが、投資効果は高い）。しかし、ドル・コスト平均法は株が値下がりしたときに備えた保険のようなものだ。2000年3月や2007年10月といったピーク時に、多額の資金をつぎ込んでしまうような悲劇を避けるためには役に立つ。

リバランスでリスクを軽減する

リバランスとは、プロのファンド・マネジャーが使うテクニックで、資産がしっかりと分散されているかどうかを確認する作業だ。複雑なものではない。私たちは個人の投資家も資産のリバランスをすべきだと思う。時間が経つにつれて、それぞれの資産価格は上がったり下がったりしているだろう。たとえば株式を資産全体の5割と決めていても、株価が上昇した結果、6割になっているかもしれない。リバランスというのは、自分の資産の配分比率を定期的にチェックすることなのだ。そして、望ましいと思う資産配分から外れているなら、元に戻すことである。リバランスをすると、投資資産のリスクを軽減し、多くの場合、リターンは増加する。

例を挙げてみよう。自分の年齢を考えて、安心できる資産配分は株式60パーセント、債券40パーセントと決めたとしよう。退職に備える資金を増やしていくとき、新規の資金の60パーセントは株式に、40パーセントは債券に投資をする。

債券と株式の値動きは、やがて資産配分にも影響を及ぼしてくる。ちょっとした変化の範囲内（プラスマイナス10パーセント）なら無視してよいだろう。しかし、もし、株が短期間で2倍の値上がりとなり、債券の値段は変わらないとしたら、どうする？　この時点で、自分の資産の4分の3は株が占め、4分の1が債券となってしまっていることに突然気づくだろう。このままでは、自分で望ましいと決めた資産配分に対応するリスク水準から外れてしまう。反対に、２００８年のように株が急落し、債券価格が上がった場合、あなたならどうするか？

正解は、資産比率を本来のものに戻すような行動をとることだ。これが私たちの言うところの「リバランス」である。自分が最善と思った資産配分比率からかけ離れてしまったものを、そのままにしておかないことだ。株式の比率が高くなりすぎてしまったときには、新規資金や配当金を株式に回さずに債券に投資するということだ（資産配分が望ましい状況から大きく外れているときは、所有株式の一部を売却して債券投資に振り向ける必要が出てくるだろう）。債券投資の比率が過大になった場合は、その資金を株へと移動させる。

配分された資産の一つが暴落しても、決して慌てたり売ってしまったりしてはいけない。むしろ長期保有すると強く決意し、買い増す精神力を持たなければならない。次のことを覚えておくとよい。もし本当に長期投資をしようと思うなら、価格は下がれば下がるほど買うチャンスである。相場が急落すると、「もっと損をするかもしれない」という不安に駆られるだろう。しかし、下げ相場に辛抱強く資産配分を見直し続ければ、長い目で見て、十分なリターンを得ることができる。

市場がとくに不安定で、アップ・ダウンを繰り返す局面では、リバランスは明らかにリターンを高め、同時に、資産価格の変動を抑えることでリスクも低下させる。

　1996年から2005年にかけての10年はその好例である。ある投資家が資産配分を株式で60パーセント、債券で40パーセントにしたとしよう。株はアメリカ全市場インデックス・ファンド、債券も同様に全市場インデックス・ファンドを用いてリバランスのメリットを説明しよう。次の図表6は、四半期ごとのリターンの変動率で見て、リバランスをするといかにリスクが減少し、リターンが増加するかを示している。

　株式と債券に60対40の割合で投資を始め、10年間そのまま持ち続けていたとすると、平均リターンは年率8・08パーセントとなる。一方、もし60対40の割合を保持するように毎年リバランスしたとしたら、年率8・50近くになる。そのうえ、四半期ごとのリターンの安定性も確保され、枕を高くして眠ることができる。

　1996年1月から2005年12月の10年間、毎年リバランスをした資産のほうが、リスクは低下し、リターンは上昇している。


なぜ、リバランスはそんなにうまく働いてくれるのだろうか？　毎年1月の初め

（図表6）　リバランスの重要性

ポートフォリオ：[a] 株式に60%投資 債券に40%投資を前提	年平均リターン	リスク （変動性）[b]
毎年リバランスした場合	8.46%	9.28
リバランスしなかった場合	8.08%	10.05

a　株式はラッセル3000株式インデックス・ファンドで、債券はリーマンUSインデックス・ファンドで運用したものと仮定。
b　変動率（標準偏差）

に、リバランスをする人がいたとする（あまり頻繁にリバランスをしてはならない。年1回でよい）。2000年の1月、熱狂的なインターネット相場が頂点に達し、株式の資産割合は60パーセントをはるかに超えた。そこで、株はある程度売り、その資金は、配分比率が上昇したために値を下げた債券につぎ込んだ。その人はそのとき株価がピークであるとは知らない（実際のピークは2000年3月）。しかし、株が高値で売れたことで、株の比率を下げることができた。リバランスを2003年の1月に行う場合は、状況はまた違ってくる。株式相場は低迷を続けていた（株価の大底は2000

2年10月である)。そして、連邦準備制度理事会が金利を引き下げたために、債券価格は上昇していった。そこで、資産から債券を取り崩して、株を買うことになる。結果的には大成功であった。

リバランスをしたからといって、いつもリターンが増えるわけではない。しかし、リバランスによりリスクを減らすことができ、自分のニーズと性格に合った資産配分比率を常に維持することができるのだ。

> リバランスをすれば、
> 必ずリターンが増えるというものではない。
> しかし、資産配分のリバランスをすることによって、
> 必ずリスクを減らすことができ、
> 自分のニーズと性格に合った資産配分比率をキープできる。

投資家は年齢が上がるにつれて、自分の資産の配分比率を変えたいと思うこともあるだろう。多くの人たちは退職が近づくにつれ、より保守的な運用方法をとる傾向がある。すなわち、株式の比率を減らし、株価が上がったり下がったりするのを見るストレスを減らしているわけだ。

Ⅳ

大きな失敗を避けよう

なぜバフェットは大きな失敗を避けられたのか？

長期投資で成功するために最も重要な要素は、自分自身の判断である。株式市場やマクロ経済の環境ではない。

筆者はともに70代である。アメリカ人が大好きなウォーレン・バフェットも70代である。彼の輝かしい大成功と私たちのそれなりの成功との違いを生んだのは、株式市場や経済状況が違ったからではない。オマハ出身のウォーレン・バフェットが違っていた。要するに彼は、プロだろうとアマチュアであろうと、世界中のどの投資家とも比べものにならないほど優れているということだ。明晰な頭脳を持ち、いつも理性的で、経営に対して造詣が深く、そしてよりよい投資をすることを絶えず考え、たゆまぬ努力を惜しまず、なおかつ冷静である。

バフェットの成功の主な理由の一つは、これまで多くの人たちの資産に大打撃を与えたような大失敗を、上手に逃れてきたことにある。二つの例を見てみよう。2000年の初め、バフェットの腕は鈍ったと誰しもが思った。彼の会社バークシャー・ハサウェイのポートフォリオは、ハイテクやインターネット関連銘柄を多く組み入れた人気ファンドに大きく水をあけられていた。バフェットはハイテク株をまったく買わなかった。バフェットは自分の顧客に、彼自身がよく理解していない分野の会社の株を買うことはできないと説明していた。複雑で急速に変わっていく技術関連の業界を理解しているとも言わなかった。そして、その分野の利益上昇トレンドが続くのかどうか疑問だとした。ある人たちは、バフェットはもう過去の人で、時代遅れだと噂した。しかし、IT関連株が暴落したとき、最後に笑ったのはバフェットだった。

2005年から2006年にかけて、機関投資家の間で、複雑な不動産担保証券とデリバティブに人気が出たが、それにもバフェットは手を出さなかった。バフェットの考え方によると、不動産担保証券とデリバティブはあまりにも複雑で、不透明なところが多すぎた。彼はこの商品を「金融の大量破壊兵器」と名づけた。実際、２００７年になると、これらの商品は多くの金融会社を倒産させた（そして、私たちの金融制度全体に損害を与えた）。しかし、バークシャー・ハサウェイは最悪の事態をまぬがれた。

最悪の事態を避けること。とくに必要もないリスクをとることで発生するトラブルを避けることは、投資で成功するための秘訣の一つである。多くの投資家は自分で引き起こした、しかもまったく必要のない重大なミスによって大損害をこうむる。この章では、自分の目標達成を妨げることになるような、よくある投資判断ミスに焦点を当てて話をしていこうと思う。

仕事でもスポーツでも
人間が何かを成し遂げようとするときに
成功の鍵となるのは、
忍耐力、努力の継続、そして
ミスを最小限にとどめること。

仕事でもスポーツでも、人間が何かを成し遂げようとするとき、成功の鍵となるのは忍耐力、努力を継続すること、そしてミスを最小限にとどめることだ。車の運転では大事故を起こさないことであり、テニスで重要なことはボールを的確に打ち返すこと。投資においてはインデックスで投資をすること。多くの人たちがこうむっている多額の経費やミスを避けるためだ。

自信過剰ほど怖いものはない

最近、行動心理学者とエコノミストの人たちは、行動ファイナンスという重要な新しい研究分野を作り出した。人間はいつも合理的に行動するわけではない。この分野の研究者によれば、投資においてもしばしば理屈に合わない行動をしてしまう、という研究結果が出ている。私たちはとかく自分の考えに自信を持ちすぎたり、思い込みすぎたり、集団心理に走ってしまう傾向がある。こういったことは事前に知っておいたほうがよい。

著者たちが関わってきたイェール大学とプリンストン大学では、心理学者はしばしば学生に、自分はクラスメートと比べて能力的にどう思うかというアンケートをとる。たとえば、次のような質問をする。「あなたはクラスメートと比べて運転は上手なほうですか?」。例外なく、圧倒的多数の答えは、自分はクラスのみんなと比べて平均以上であるというものだった。優劣がはっきりしている身体能力に対する質問でも、学生たちは平均以上の能力があると答えている。ダンスで、資源保護活動において、友人として、などなど。あらゆる分野で同様の傾向が見られる。

このことは投資においてもあてはまる。投資がうまくいくと、私たちは単に運がよかっただけなのに、あたかも自分の投資技術がよかったのだと思ってしまう。2000年代の初め、保有しているIT関連株が2倍になり、それがまた2倍になっていた頃、自分は投資の天才だと勘違いしてもおかしくないほどだった。自信過剰による致命的な失敗を避ける第一歩は、自分がいかに能力を過信しているかを自覚することだ。アマチュアのテニスでは、確実にボールを返してさえいれば勝てる。同様に、低コストのインデックス・ファンドで分散投資した資産を、よいときも悪いときも長期保有する投資家こそが、自分の長期的な目標を達成できるだろう。

資産運用に携わる人は市場予測に振り回されてはならない。世間で「専門家」と思われている人たちの予想であっても、あてずっぽうと大して変わらない。JPモルガンの創業者、モルガンは「株は今後どうなるか?」と尋ねられたとき、「変動するだろう」と答えている。まったくそのとおりだ。その他すべての予想は――たいていは株式市場の大まかな方向を予想するものだが――当たっていたのが5割で、間違っていたのが5割、というのがこれまでの結果だ。コインを投げて表が出るか裏が出るかの賭けに、あなたは大金をつぎ込むようなことはしないだろう。ならば、株式市場の相場見通しに基づいて売買しようと考えてはいけない。

なぜか？ 実証データに基づいて、多くの「実体経済」指標を予想することはそれなりの意味がある。天気予報もそうだ。株式相場の予想はその何倍も難しい。まず当たらない。なぜなら市場とは、すでに膨大な情報を持つ投資家がそれに基づいて最善と思える予想を立て、実際にお金を動かした結果だからだ。株価の動きを予想するということは、他の投資家が全力を尽くして今立てている予想が、いかに変化するかを言い当てることだ。ということは、予想が当たるということはすなわち、現在の市場のコンセンサス（市場参加者全体の共通判断）が間違っていなければならないということになるし、さらにコンセンサスがどちらの方向に行くのかを決めなければならない。上がるのか下がるのか。

一つ警告しておきたい。人間本来の持つ性格として、誰でも将来どのようになるかという話を聞きたがる。占星術師や占い師は、長年にわたり予言をしてきた。ちょっとした言い伝えや経験則が何世紀にもわたって生活の一部になっている。私たちはみんな弱い人間である。ビルに13階は存在しない。はしごの下を歩くのは避ける。歩道の亀裂の上は避けて通る。「ケ・セラ・セラ」は音楽としては魅力的だが、本当の満足感は得られない。

カリフォルニア大学バークレイ校のフィリップ・テトロック教授は、専門家による経済予測が当たる確率について、長期にわたってこれまでにない大がかりな調査を行った。25年間に300人の専門家が行った8万2000の予測について検証した。教授の結論によると、専門家の予想はサイコロを振って決めるよりは、かろうじてマシというものだった。皮肉なことに、有名なエコノミストと呼ばれている人ほど、その予想は当たっていない。

では、投資家として、あなたは市場予測——株式市場の今後の動向、金利の予想、マクロ経済の予測など——と、どのように付き合っていくべきか？　答え：予測は考えに入れないことだ。予測をしなければ、時間の節約にもなり、無用な心配をしないですみ、お金もかからない。

投資家として、あなたは市場予測——株式市場の今後の動向、金利の予想、マクロ経済の予測など——と、どのように付き合っていくべきか？

答え：予測は考えに入れないことだ。

予測をしなければ、時間の節約にもなり、無用な心配をしないですみ、お金もかからない。

ミスター・マーケットに注意！

人は数字で示されると、安心してしまう傾向がある。景気がよいとき、投資家はどんどん楽観的になり、知らず知らずのうちに次々とリスクをとり、そして幸せな気持ちになる。こうして、バブルは膨らんでいく。しかし、仲間内で話題になったり、メディアに持ち上げられたりした投資家のほとんどは失敗する。

これまでにも、バブルが崩壊して全財産を失った人の悲劇は少なくない。１６３０年代のオランダでのチューリップ・バブル、１９８０年代の日本での不動産バブル、１９９０年代末のアメリカのインターネット・バブルには多くの人たちが群がった。「今回はバブルではない」と信じて――そして彼らは悲惨な運命をたどる。バスに乗り遅れないようにという気持ちが次々と伝染していくのだが、その結果、リスクをとりすぎてしまう。いったんバブルが破裂すれば、投資家をパニックに陥れ、ほとんど底値で売り払ってしまうことになる。

こうした過去の経験が教えているのは、大多数の投資家と同じ行動をとるのは避けるべきだということだ。市場が自信過剰になったり、ときには絶望したりという、その場その場の雰囲気に惑わされないこと。「ミスター・マーケット」はいつも気まぐれだ。

投資家が注目すべき二つの相反する不思議なキャラクターについて初めて言及したのは、証券分析の草分けともいえるベンジャミン・グレアムである。❖キャラクターの一人がミスター・マーケットで、もう一人がミスター・バリューだ。ミスター・バリューは私たちが必要とするものを発明し、製造・販売し、サービスを提供する。単調で、ときとして退屈な仕事だが、ミスター・バリューは来る日も来る日も、私たちの複雑な経済社会における何百万もの重要な機能がうまく回るように、昼夜を問わずまじめに働く。ミスター・バリューは経済的なニーズを満たすために最善を尽くしている。彼が常に冷静で信頼できることを私たちはよく知っている。

ミスター・バリューがまじめに働いている一方で、ミスター・マーケットは楽しく暮らしている。ミスター・マーケットは二つの策略を考えている。一つは、投資家に手持ちの株やファンドをなるべく安値で売らせようというもの。もう一つは、投資家に株やファンドをできるだけ高値で買わせようというものだ。ミスター・マーケットは、不利なタイミングで株を売ったり買ったりするように罠をしかける。彼は罠をしかけるのが実にうまい。ときには怖がらせたり、ちょっと魅力的に見せたりもする。ときにはこれしかないと思わせたり、これはまったく駄目だと思わせ

◈ベンジャミン・グレアム著（ジェイソン・ツバイク編集）『賢明なる投資家』（パンローリング）*The Intelligent Investor*（Harper Business, 2003）

たりする。しかし、いつも愛想がよいこの悪党の目的は、たった一つ——あなたに何か行動を起こさせること。すなわち売るか買うか、とにかく変化を引き出すことだ。そして実際に罠をしかける。あなたがつられて売りや買いに出れば、ミスター・マーケットは高笑いする。

ミスター・マーケットと付き合うと出費がかさむ。取引にかかる費用は、その中ではわずかなものだ。出費の大部分は、ミスター・マーケットがしかけた悪巧みによる失敗が原因だ。高値で買い、安値で売るからである。この悪党の成功の記録を見てみよう。彼がどれだけ投資家全体に損害を与えてきたかという記録がある。図表7は、株式投資信託へ流れてきた資金と株式相場の動きを重ね合わせたものである。グラフを見れば一目瞭然、株価が高いときに資金が投信に流れている。投資家は最悪の時期に株式投資信託に投資しているということなのだ。

たとえば1999年の第1四半期、株式投資信託に史上最大規模の資金が流入している——ちょうど最高値のときだ。しかも、それまでの期間を通じての最高値だ。市場に流れ込んだ資金のほとんどは、ハイテク株やインターネット・ファンドに向かった——結果から見ると最も割高だったときで、その後すぐ起きた下げ相場で最

（図表7）　株式投信への資金流入は相場の後を追う

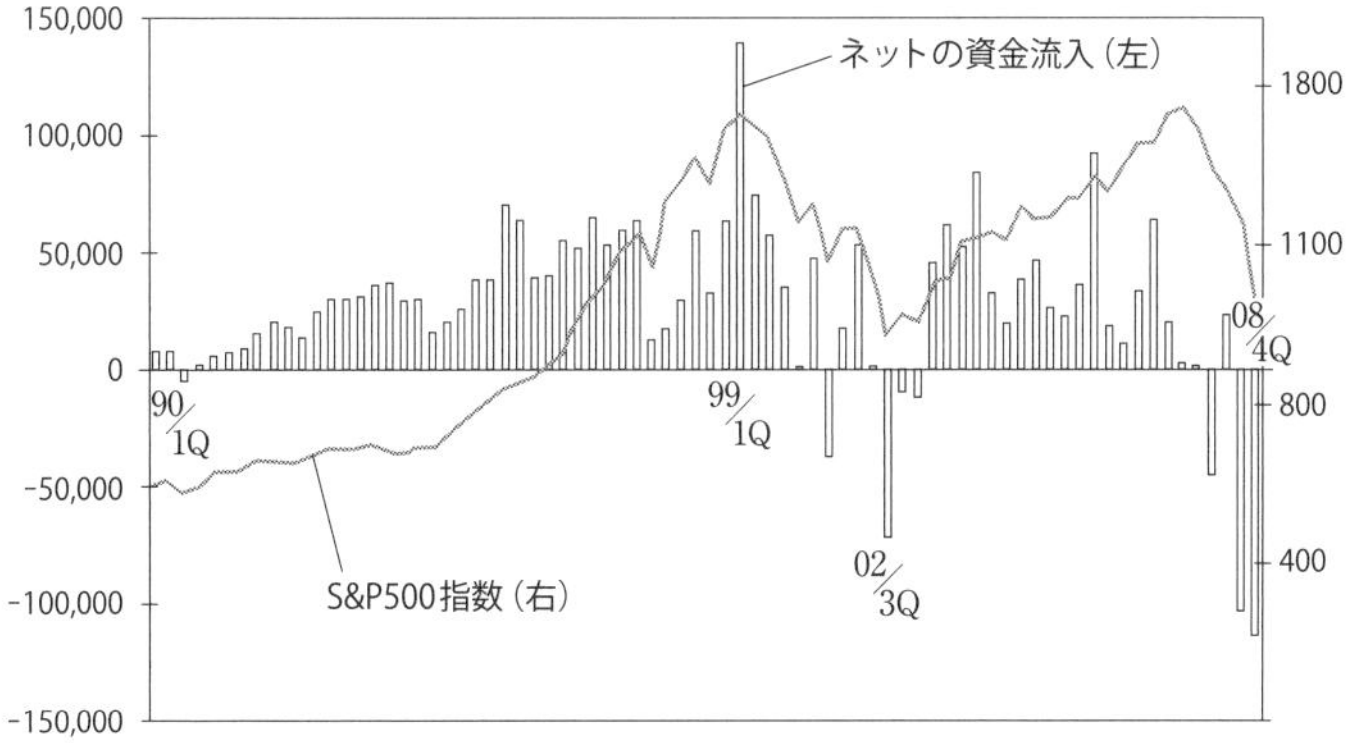

（出所）　バンガード・グループ

も値下がりすることになる。2002年の第3四半期には、これまでにない多額の資金が流出した——ちょうど市場が最悪の時期に。2007年から2008年にかけての金融危機に際しても、株式投資信託のネットの売り越し額は新記録を達成した——値下がり幅も新記録だった。これはまた大底からの回復としては最初の、そして多くの場合、最大幅の相場回復の直前だった。

本当に大事なことは、今日や来月や来年の株価ではない。退職してから必要となるお金を準備するために株を売るとき、その価格が問題となる。多くの投資家にとって、退職は遠い将来のことかもしれない。本当のところ、みんなが悲観的になり株価が下がるときは、保有株を売却したり、これまでの投資をやめるには最悪の時期なのだ。そして、いうまでもなく、買うベストのタイミングは株がバーゲンセールになっているときだ。

投資はティーンエージャーの子供を育てるようなものだろう。彼らが素晴らしい大人へと成長していく過程こそ「興味深い」ものである。経験のある親は、長期的な観点から育てるべきだということを知っている。毎日のドタバタ騒ぎに振り回されることのないように。これは投資にもあてはまる。ミスター・マーケットがあなたを大胆にさせたり、落ち込ませたりしようとする、その計略に乗ってはいけない。天候が極端に荒れ模様になったとき、あなたは行動しようという気分になれるだろうか？　昔の格言を思い出してほしい。「嵐はいずれ過ぎ去っていく」

1万マイルも離れているところが、寒かろうが雨が降っていようが、暖かくて天気がよくても、あなたには関係がない。自分の今いる場所の天気ではないのだから。同じように、退職するまで自分の401（k）投資に対して超然とした気持ちを持ち続けるとよい。今あなたが60歳で、今後25年生きるとして――あなたの配偶者はそれ以上に長生きするかもしれないが、その間に状況は必ず変わっている。

多くのファンドが天井で買って底で売っている

タイミングを見誤ること、つまり相場見通しに賭けて失敗することでこうむる損失は、大きいのだろうか？　たしかに大きい。株式市場の平均リターンを見ると、長期的には９・５パーセントある。しかし、このリターンは、あくまで株を長期保有し、どんなことがあろうとも持ち続けたときに得られる平均リターンなのである。実際のところ、平均的な投資家が得るリターンは、この数字よりなんと２ポイント、およそ４分の１も下回る。このリターンの低さは、一般的に投資家が最高値に近いところで買って、最安値に近いところで売るという傾向があるからだろう。

タイミングを見誤ることによる損失に加えて、銘柄選択による損失もある。１９９９年末と２０００年の初めに株式投資信託を買った場合、ほとんどのファンドはリスクの高いものであった。ハイテク株やインターネット株に投資していたからだ。株価が割安で高配当の株を組み入れている地味な割安株ファンドからは、大量の資金流出が起こった。不況になると、このような割安株ファンドは人気の的となり、逆に「成長株」ファンドは大きく売られることになる。こうした動きがもとで、投資家の実際のリターンと市場全体のリターンの差が、先ほど述べた2パーセント以上に開くことになる。

もちろん、希望もある。ミスター・マーケットを無視する限り、実害はないのだ。大切なことは、ミスター・マーケットがしかけたり、だましたりすることは、実は私たち自身の失敗によるものだということを知ることである。昔の親がよく言っていたものだ。「悪い子にからかわれたり、いじめられたりするのは、自分にも責任がある」。投資家として、ミスター・マーケットのもたらす損害から身を守る一番の方法は、ミスター・マーケットを無視することだ。のちに述べるように、広範囲のインデックス・ファンドを買って持ち続ければよい。

サンタクロース相場の錯覚

心理学者によれば、人は何かが起こったときに、自分できちんと対処できると思い込む傾向があるらしい。実際には何もできないにもかかわらず。このような錯覚が原因で、投資家は見込みのない株を過大評価しがちになる。また、何も根拠がないのに、今はこういう時期だと空想し、株価チャートを見てあるパターンにあてはめ、将来の株価を勝手に想像する。チャートを見て将来の株価を予想するのは、星占いのようなものだ。株価の動きは、いわゆるランダム・ウォークといわれ、まったく法則性がない歩き方だ。これまでの動きから今後の株価を予想するのは危険極まりない。

株価の「季節パターン」も同様だ。それまで何十年も、ある季節パターンが見られたとしても。たとえば、クリスマスから正月にかけて、サンタクロース相場というのがよく知られている。だが、このパターンは見つかっても、すぐになくなるはずである。仮に、このパターンがあるとすれば、その利益にあずかろうとして、多くの投資家はクリスマスの前日に株を買い、大晦日の前日に株を売るようになるだろう。そうなると、投資家たちは他人よりももう一歩先を走らなければならなくなる。クリスマスの2日前に買い、大晦日の2日前に売る。こうして、クリスマスよりもかなり前に多くの買いが入り、売りはクリスマス前後ということになっていく。

クリスマス相場は消えてしまうというわけだ。これこそ新たな株の売買「パターン」だと思うものがあったとしても、そのパターンを利用して儲けようと思う人たちがいる限り、長続きはしない。

心理学者によると、投資家は儲かって喜ぶよりも、損をして落ち込むほうを嫌うらしい。同じ金額なら、喜びよりも落胆の度合いのほうがはるかに深刻ということだ。たとえば現金が必要になったとする。なぜか人は値上がりした株を売りがちである。そして値下がり株には手をつけない。というのも、人は自分が失敗したと思いたくないし、ましてやそれを認めたくないからだ。値上がり株を売ることで成功を確認し、値下がり株は今後値上がりすると思い込むことで失敗を認めない。しかし、次のことは覚えておくといい。値上がりした株を売れば、キャピタル・ゲインに対する税金を払うことになる。一方、値下がり株を売ると、税控除が受けられる。ということは、どうしても売らなければならないときには、値下がりしたものを売るべきなのだ。少なくとも税制上は有利ということだ。

リターンを確実に増やす一つの原則

投資リターンを確実に増やす一つの原則がある。それは、いうまでもなく投資コストを最小限に抑えることだ。私たち二人はずっと、毎年継続的に最高の成績を上げられるのはどの投資信託のファンド・マネジャーか、ということを考えてきた。その結論は、これまでも、そしてこれからも、そんなマネジャーなどいない、ということだ。

> 投資リターンを確実に増やす一つの原則は、
> 投資コストを最小限にすること。

なぜなら、過去の成績がよいからといって、必ずしもそのファンドの将来のリターンがよいとは限らないからである。将来のリターンを決めるのはファンド・マネジャーだ。ファンド・マネジャーの手数料が高ければ高いほど、あなたの投資リターンは低くなる。私たちの友人、ジャック・ボーグルは次のように語る。投資では「余計なものにお金を使わなければ、リターンは確実によくなる」

この主張を簡単な表を用いて証明しよう。過去15年にわたり、株式投資信託の成績を見て、リターンとかかったすべてのコストを計算する。そのコストには、ポートフォリオの中に本当は含まれるコスト――その投資信託が運用に際して株を売買するときに発生する目に見えないコストも含める。そうすると、コストが一番低いファンドが最も高いリターンを得ていることがわかる。まず、コストが低い順に全ファンドを四等分してみる。そして、グループごとの平均リターンを計算する。図表8はその結果を示している。

もし株式投資信託でよい成果を上げたいと思うなら、コストの安いものを選ぶとよい。もちろん、コストがかからない典型的なファンドは、この本の中で私たちが取り上げてきたインデックス・ファンドである。組み入れ銘柄を頻繁に売買するファンドは税金が高くなるので、税引き後で考えると、私たちの勧めるインデックス・ファンドはよりいっそう有利である。

(図表8) 株式ファンドにおけるコストとリターンの関係
(1994年12月31日〜2008年12月31日)

(全ファンドをコストの低い順に4等分した結果)

	年間リターン	経費率	ポートフォリオの回転率
低コストの上位 1/4 グループ	7.24%	0.71%	25.5%
4 つに分けたグループの上から 2 番目	6.51%	1.09%	54.5%
4 つに分けたグループの上から 3 番目	5.87%	1.33%	80.8%
高コスト上位 1/4 グループ	4.65%	1.80%	146.5%

(出所) リッパー、ボーグル・ファイナンシャル・リサーチ・センター

コストを最小限にすることと並んで大事なことは、証券会社の営業員にも気をつけるようにすることだ。営業員にとって一番大切なことは何か。それは自分たちのボーナスだ。だから営業員は、これまで行ってきたような行動をとり続ける。彼らの本当の仕事は、あなたのために働くことではなく、あなたからお金を稼ぐことにある。もちろん、こういった営業の人たちは人当たりもよく、とてもいい人に思える。それは人当たりがよければ、彼らが儲かるという事情があるからだ。だから、絶対

に間違ってはならない。営業員は所詮、営業員なのである。

一般に証券会社の営業員は1人で75人程度の顧客を担当し、その投資残高は合計4000万ドルほどだ（あなたの友人が何人いて、その友人とどのくらい頻繁に会っているか考えてみるとよくわかる）。会社とその営業員との契約しだいだが、一般にあなたが払う手数料の40％はその営業員の懐に入る。ということは、その営業員が10万ドルの収入を得たいと思えば、25万ドルの手数料をお客に払ってもらわなくてはならない。20万ドルの収入を得たいときには、50万ドルの手数料が必要となる。このようにして、あなたのお金はあなたの懐から彼の懐へと流れていく。営業員と〝友だち〟になるということは高くつく、という理由はここにある。ミスター・マーケットと同じように、営業員の目的はただ一つ。何でもよいからとにかくあなたに売買をさせること。

私たちはあなたに頻繁に株を売買してほしくない。ポーカーでカードを受け取ったらすぐに捨てるのと同じように、あっちの株を買ったかと思うとすぐに売り払い、またこっちの株を買う、という行動をとってはいけない。手数料がかさむだけだ。これは投資信託についても同様である。頻繁に乗り換えてはならない（手数料だけでなく、おそらく税金もかさむことになる)。個人投資家は個別の株を買うべきではないし、アクティブ運用の投資信託も買うべきではないと私たちは考える。手数料の安いインデックス・ファンドを買って持ち続けたほうがいい。そうすれば、平均以上のリターンが得られる可能性は高い。コストがあまりかからないから。

V

私たちが勧める KISSポートフォリオ

複雑な宇宙の神秘を解き明かそうとしたアルベルト・アインシュタインは、20世紀の偉大な科学者であるが、その彼が次のようなことを述べている。「すべてのことはできるだけシンプルに、しかしシンプルすぎてはいけない」。私たちも同感である。

昨今の複雑な経済状況をめぐって、新聞、雑誌には膨大な量の情報があふれている。また、金融市場や投資の世界は恐ろしいほど複雑になってきている。さまざまな新商品を開発して、投資家に売り込もうとする怪しげな人々もいる（そういった商品は彼らにとってとても儲かるから）が、投資においてシンプルな方針を貫きさえすれば自分を守ることができる。

この章では、あなたが損をしないために何をすればよいのかを、わかりやすく、シンプルなルールを用いてお教えする。読者のみなさんの中には込み入った経済状況にある方もいるかもしれないが、私たちが教えるルールはほとんどの人たちに有効だと思う。ここでお話しするポートフォリオは、少なくとも9割方の個人投資家の役に立つだろう。少数の人にしかあてはまらない特殊な状況下での対応といった、細かいことは意図的に省いた。

ここでは、まず長期運用を成功させるための簡単なルールについて述べる。それから、あなたとご家族のためにＫＩＳＳ（Keep It Simple, Sweetheart の略）ポートフォリオを紹介しよう。そのルールとお勧めのポートフォリオには、すべての投資家に役立つ貴重なアドバイスが含まれている。

ＫＩＳＳポートフォリオは少なく見積もっても、9割方の個人投資家の役に立つ。

九つの基本ルール

これから述べることは、基本ルールを簡潔に書いたものだ。そのほとんどは、これより前の章で説明してきたものである。

1 お金は若いうちから定期的に貯めよう

堅実な暮らしを確立し、退職後も憂いなく暮らすために重要なことは、若いうちから節約に努め、一定額をこつこつと貯めていくことである。財産を築くのに簡単な方法はない。裕福になるための秘訣なんてない。裕福になるための唯一の方法は——遺産をもらうとか、金持ちと結婚するとか、宝くじが当たるということでもない限り——少しずつ貯めていくだけだ。できるだけ若いうち

◈経済状況や税務がとくに複雑な場合には、税理士やファイナンシャル・アドバイザーなど有料の専門家に相談したほうがいい。相談が無料の証券会社のアドバイスに頼ると、高コストの商品を売りつけられるなど、かえって高くつく。

から貯蓄を始め、それをできるだけ長期間続けるしかない。

2　会社と国に資産形成を手伝ってもらおう

多くの人が会社の401（k）または403（b）退職プランを利用していないことに、私たちは驚いている。残念なことに、多くの人たちがこのプランに参加すらしていない。会社は社員が貯めた額と同額を拠出して支援してくれるというのに。個人の貯蓄への国の支援も少なくない。退職後にお金が必要になって、その貯めたお金を引き出すときまで、そうしたプランにはずっと税金がかからないという支援だ。

3　不時の出費に備えて、現金は用意しておこう

保険会社の広告にあるように、人生にはいろいろなことが起こるかもしれない。みなさんご存じのように、ときどき「突然の出費」があり、それに備えてすぐに出せるお金は、別に取っておく必要がある。こういったお金は安全第一で、流動性が大切だから、短期で質の高い金融商品に投資しておくといい。どのくらいとっておくかは、あなたしだいだ。多くのファイナンシャル・プランナーによると、定期的な収入のなくなる退職時、生活費として少なくとも6カ月分はとっておくのがよいとしている。高いリターンを求めてむやみにリスクの高いものに投資をすべきではないが、一方どんな金融商品に投資するときでも同じことだが、コストはできるだけかからないものにすべきだ。投資において私たちが自信を持って言い切れることは、投資サービス・コストが高ければ高いほど、受け取るリターンは低くなる。

手元に準備しておく資金は、政府保証の付いた銀行預金か安全なマネー・マーケット・ファンドに投資するのが適当だろう。その中で一番利率のいいものを探すとよい。一般にインターネット銀行の金利が一番高い。普通預金か譲渡性預金（CD）もよいだろう。しかし、どんな普通預金でもCDでも、連邦預金保険公社（FDIC）の保証付きに限る。

のちに述べるマネー・マーケット・ファンドはFDICの保険は付いていないが、多くの場合、金利がよく、手数料無料で小切手を使えるという便利さもある（250ドル以上）。こういったマネー・マーケット・ファンドは銀行か

（図表9） 低コストのマネー・マーケット・ファンド（例）

ファンド名	経費率	1年もの リターン	5年もの リターン
Vanguard Prime Money Market www.vanguard.com; 800-662-7447	0.23%	1.65%	3.39%
Vanguard Admiral Treasury Money Market www.vanguard.com; 800-662-7447	0.15%	0.99%	3.09%
Vanguard Tax-Exempt Money Market www.vanguard.com; 800-662-7447	0.17%	1.39%	2.52%
Fidelity Cash Reserves www.fidelity.com; 800-343-3548	0.39%	1.72%	3.35%
Fidelity Government Money Market Fund www.fidelity.com; 800-343-3548	0.45%	1.19%	3.14%
Fidelity Tax-Free Money Market Fund www.fidelity.com; 800-343-3548	0.48%	0.79%	2.14%

（注） 各リターンは2009年4月30日現在

ら大口CDを買ったり、または大企業のコマーシャル・ペーパーを購入する。どうしても安全第一と思う人は、後述のアメリカ政府保証付き短期証券だけに投資するマネー・マーケット・ファンドを購入するとよい（これらの商品は短期国債ファンドと呼ばれている）。

図表9は非課税のマネー・マーケット・ファンドも含んでいる。この種のファンドは州や地方自治体の債券にも投資をしている。そして、これらのファンドが支払う利息には国の税金が課されない。その州に、住民には非課税となっているファンドがあるかどうかチェックしてみるのもいいだろう。その場合、州税と国税の両方とも非課税となる。

4 保険をかけているか確認する

あなたが一家の稼ぎ手で、配偶者と子供を養っているとしたら、生命保険と長期障害保険に入る必要がある。また、医療保険にも入ったほうがよい。保険に入る場合にも前に述べたＫＩＳＳ法則が重要だ。シンプルでコストが低いもの。複雑な「終身」保険ではないほうがよい。終身保険はあなたが必要とする生命保険機能に、コストが高い投資プログラムが付け加えられている。

障害保険に入る目的は、何カ月か働けないという状況に陥ったときにその間の収入を補ってくれるものだ。ただし、かなり経費もかさむので、数カ月程度の収入をカバーするのは保険に頼らず、自分で積み立てておくほうが賢明かもしれない。本当に必要なのは自分ではカバーできないケース、何年も働けないという深刻な事態に備えてのものだ。そうした場合のみ保障される保険を選ぶのがよい。

どんな金融商品を買うときにでも、何社か回って、価格を比べる必要がある。重要なことは金融サービスの手数料が高ければ高いほど、あなたのリターンは低くなるということだ。

5　分散投資をすれば心配の種が減る

分散投資はどのような投資についてもリスクを減らすことができる。個別銘柄をいくつか保有するのではなく、資産は広い範囲でさまざまなものを持ったほうがよい。アメリカ株だけでなく、中国、ブラジル、インドといった急速に発展している新興国を含めた外国株を保有することが重要である。株式だけでなく債券にも投資しよう。経済危機のときには世界中の株価が同時に下がるが、広く海外市場まで多様化しておけば短期、長期にわたるリスクを減らせる。

6 クレジットカードのローンは使わない――これに尽きる

クレジットカードで借金をすることを除けば、投資の原則はそんなに多くはない。クレジットカードのローンを利用して18パーセント、20パーセント、22パーセントもの金利を払っていたら、お先まっくらだ。もしクレジットカードで借り入れをしてしまったなら、最も有効な投資方法はその借金を返してしまうこと。できるだけ早く全額返済するように努力しよう。

7 短期運用への衝動を無視しよう

投資家の最大の失敗は、衝動に駆られて冷静さを失ってしまうことと、群集心理に流されることである。ミスター・マーケットの挑発と群集心理に乗って売買をしてしまえば、投資家は自ら墓穴を掘り、リターンを引き下げる。とくに極端な暴落や暴騰のときには。周りの人たちみんながパニックに陥っているとき、あなたはうろたえずに、何もしないことだ。ひたすら長期投資をしっかり見据えていることが大切である。

8　低コストのインデックス・ファンドを使う

すべての投資家が売買を通じて決定する市場価格以上の情報はない。もちろん、マーケットもときには間違いを犯す。20世紀から21世紀に変わる頃、ハイテク株とインターネット株が値を上げすぎたときのように行きすぎることがある。しかし、インターネット・バブル崩壊を予想した多くの賢人たちは、1992年頃から株式市場を「割高だ」と叫んでいた。

相場に賭ける人たちの判断結果も、よくて五分五分である。そう、しかも、勝ちはわずかで、負けるときは大損するという傾向がある。市場もときにはミスを犯すが、そこにつけこめば勝てると錯覚してはいけない。この50年、株式市場は個人投資家主導であったものから、24時間365日株のことだけを考えている高い専門性を持つ機関投資家主導へと変わってしまった。昨今では、例外的に才能に恵まれ、売買に専念できる個人投資家だけが、個別銘柄投資で市場に勝とうと考えることができるだろう。

私たち二人は、合わせて100年の経験があり、プロとして論文を書き続けてきた。一流大学で投資について教え、世界中の投資委員会で仕事をしてきた。その私たち自身がインデックス運用をしてきてよかったと思っている。多くのプロの投資家は自身の資産の大部分をインデックス・ファンドで運用している。インデックス運用はコストがかからず、税制上も優遇されていて、そして広範囲に分散投資できるからだ。

あなたの長期投資はすべてインデックス・ファンドにしておくとよい。インデックス・ファンドで投資をすることは平均的なリターンしか得られない、ということではない。あなたは平均以上のリターンを得られる。なぜなら、インデックス・ファンドは手数料が安く、ほとんどの経費を抑えられ、そのうえ不必要な税金も払わなくてすむからだ。この章の最後に、私たちが勧める具体的なファンド名を挙げておこう。

9 オーソドックスな分野に注目。ベンチャー・キャピタルやプライベート・エクイティ、ヘッジファンドのような「目新しい」商品は避けたほうがよい

一般投資家が投資するにあたって、次の三つのシンプルな投資カテゴリーが重要だと私たちは考える。(1)普通株、すなわち製造業、サービス業での企業への経営参加権を示す証券。(2)債券、すなわち国や諸官庁や企業の負債。(3)不動産、それは自分の家族の居住用住宅への投資がベスト。

営業員は、ヘッジファンドや商品取引、プライベート・エクイティやベンチャー・キャピタルといった新商品を勧め、それがあなたを金持ちにする、それもすばやく金持ちにしてくれるという夢のような話をするかもしれない。そしてあなたは夢を膨らませる。しかし、そんな話に乗ってはいけない。たしかに考えられないほど儲けたという話がときどき雑誌に載ることがある。しかし、慎重に考えたほうがいい四つの理由がある。

①そうした新商品の中で一番うまくいった場合のみ、素晴らしい結果が得られる。

②そうした商品の平均成績を見るとパッとしない。平均以下の成績のものはさらにひどい。
③うまくいっているものはすでに予約で一杯になっていて、新規の投資家は受け入れない。
④そうしたベストのファンドに、まだ投資家として参加できていなかったら、これから投資できるチャンスは現実的にはゼロだろう。

もしあなたが大きな自家用のジェット機を持っていて、映画スターたちと付き合い、こういった新商品について例外的に詳しく知っているのでなければ、新商品は避けるべきだ。あなたには向いていないし、私たち二人にも向いていない。気をつけたほうがいい！　どれか新商品の一つを、あなたのためにしっかりと運用してくれそうな信頼できるマネジャーを探せば、見つかるかもしれない。しかし、そのマネジャーが言ったとおりの利益を上げられるとは、ゆめゆめ考えてはならない。

年齢、資産、性格に見合った投資

個人投資家にとって適切な資産配分を検討する前提として、いくつか大切なポイントがある。その第一は年齢だ。相場が上がったり下がったりしても、あなたが若くて、退職するまでにそれを乗り切るだけの時間的余裕があるなら、株式への配分を多くすることができる。もう退職をしているのであれば、リスクを抑えた投資をするほうがいいだろう。

二つめの大切な要素は、あなたの経済状況だ。夫を亡くして病床にいる女性だとしたら、仕事もできず生活費をまかなうために投資資金を使わなくてはならない。そういった人たちは株式市場が下がっている間、売却することで資産を大きく減らしてしまうというリスクはとりたくない。値上がりを待つ時間的余裕もなければ、市場が回復するまで生計を維持する給料もないのだから。

三つめのポイントは、あなた自身の性格である。ある人たちは自分の資産が大きく目減りしていくことに耐えられない。そのような人たちは債券や預金への比重を多くするだろう。心配症でない人たちは長期的に資産が増えることを中心に考える。人それぞれだ――でも慎重に。自分自身を知ることが大切で、そのうえで自分の性格と自分のライフステージに合った投資をすることだ。

> 自分自身を知ろう。そしてその自分の性格と、
> ライフステージに合った投資を選ぶこと。

冬になると、多くの人たちがスキーに行く。そして自分の能力に合ったゲレンデやコースで、スキーを楽しむ。人生の多くの場面で成功する鍵は、自分自身の能力を知り、無理をしないことである。投資で成功するための秘訣も同様だ。己を知り、自分の投資能力と精神的な強さを考え、その範囲からはみ出さないことだ。

30代の人たち全員にあてはまる資産配分はない。同様に50代の人たち、80代の人たち全員にあてはまる資産配分もない。80歳の人でも、もしその人が自分の資産の

多くを子供や孫に残したいと考えているなら、30代の人に向いた資産配分がよいかもしれない。このように資産を残そうとする場合、投資資金の中で遺産に充てる資産配分は、渡す側の年齢ではなく、受け取る人の年齢に合ったものにするとよい。

投資で成功する鍵は、自分に合った資産配分に従って投資すること。その際、次のことを考慮に入れるべきだ。

- ✦自分の経済状況：資産、収入、そして蓄え――現在と将来にわたるもの
- ✦自分の年齢
- ✦精神的な強さ――とくに株価が大きく上がったときと大幅に値下がりした場合。そして、そうした市場リスクにどの範囲なら耐えられるか
- ✦投資に対する知識と興味がどのくらいあるか

バートンとチャーリーの資産配分計画

さて、これから具体的に見ていこう。あなたはすでに、いざというときに備えた

現金の蓄えを別に用意しているという前提で考えてみよう。そして私たち二人の年齢別の資産配分ガイドラインを紹介しよう。このガイドラインは9割方の投資家に役立つと思う。それぞれの人の状況、投資能力、精神的な強さなど、あなたに適した資産配分の範囲を考慮しなければならないが、それでも、このガイドラインが投資を始める起点である。

もし経済的に余裕があるなら、自分の家を持つことを私たちは勧める。最大の理由は、自分の生活の質を高めるためだ。しかし、自宅を買うことは、すなわち退職に備えて株や債券で投資することに加えて、不動産に投資をすることでもある。

> 私たちの資産配分の基準‥
> 自分の年齢とその年齢による市場リスクの許容範囲に従って、賢く資産配分を変えていくこと。

次の二つの図表は、あなたの年齢とその年齢における市場リスクの許容範囲に従って、どのように資産配分を変えていけばよいか、という例を示したものである。最初の図表10は、バートンのアドバイスによるものである。このパターンは慎重な人向きであるという点で、私たちの意見は一致している。チャーリーは、このパターンは少し用心深すぎるのではないかと考える。そして、二つめのパターン（図表11）を作った。これは、株の割合が最初のものより多く、したがって市場変動の影響を受けやすくなっている。

チャーリーが勧める資産配分は、長期的に見てリターンを高める目的で作成されている。しかし、そのためには投資家がむやみに売らないということが重要である。市場の下落は必ず何度も何度も起こるからだ。また、若い人は自分の最も大切な「資産」を勘定に入れていない、とチャーリーは指摘する。それは、若い人自身の知的財産と今後得られる収入を獲得する可能性である。バートンは一方、失業する可能性もあると言う。私たち二人とも、安全策をとるべきであるという点で一致している。自分が安心していられる範囲以上のリスクはとるべきではない。チャーリーの資産配分の中で株式はインデックス運用を前提にしている。バートンも同様で

（図表10）　バートンの年齢別資産配分計画

年齢層	株式の比率	債券の比率
20－30代	75－90%	25－10%
40－50代	65－75	35－25
60代	45－65	55－35
70代	35－50	65－50
80歳以上	20－40	80－60

（図表11）　チャーリーの年齢別資産配分計画

年齢層	株式の比率	債券の比率
20－30代	100%	0%
40代	85－100	15－0
50代	65－90	35－10
60代	60－80	40－20
70代	40－60	60－40
80歳以上	30－50	70－50

ある。

しつこいようだが、あなたが資産配分を決定するうえで重要なことは、その時その時の市場価格の上がり下がりにあなたがどのくらい耐えられるかということによって変わる、ということをもう一度強調したい。だからといって、精神科医に相談すればよいというものではない。チャーリーが提言するように、若い人が全財産を株に投資するということは、すなわち401（k）にすべて投資して株価が急落したときには、全財産は4分の3にも半分にも、つまりあたかも301（k）か201（k）になったようになる。このような不安定さをあなたが受け入れられるなら、それでよいのだが。バートンはプリンストン大学で長年、若い大学の先生たちの投資の相談に乗ってきたのだが、自分の財産が減るのを目の当たりにするのは容易ではないことを知っている。そのため、バートンは株の配分を低くすることを勧めている。

毎年の市場価格がまったく気にならない人には、とくに若い人にはチャーリーは全資産を株式投資することを勧める。実際、チャーリーもそうしてきたし、そのことに満足している（彼は70代前半の今でもそうしている）。資産の中で株の割合を増やすことは、積極的に高い市場リスクをとるということである。そうすることで、長期的にはおそらくリターンは高まることになるだろう（そして、心配で眠られぬ夜が多くなることでもある）。そんな生活に耐える自信がないなら、つまり市場が最悪の事態になったときそれに耐えられる精神力がないと思うなら、マーケット・リスクを抑えなければならない。「儲けたい」という気持ちと、「よく眠りたい」という気持ちの兼ね合いを考え、自分の性格を自覚し、どの程度ならよく眠れるかを考えて、その水準まで資産の中の株の割合を減らすことだ。

長期投資は、手数料の安いインデックス・ファンドにしておくといい。株式投資の中で最もお勧めのものは、全世界の株式市場インデックスに連動するインデックス・ファンドだ。外国株に投資するのが絶対にいやだという人は、国内の株式市場全体に連動するファンドを選択するとよい。私たち二人は、資産は全世界に分散投資することを勧める。アメリカの経済は全世界の経済活動と株式市場の規模から考えると半分以下でしかないからだ。債券については、アメリカ債券市場全体を対象とするインデックス・ファンドを選択するとよい。

年齢が上がるにつれて、前の表にあったように債券への投資を増やす方向へ資産配分を変えていくとよい。４０１（ｋ）の拠出先を変えることで、資産配分を簡単に変えることができる。それだけでは不十分だと思うなら、これまで積み立ててきた資産の一部を株から債券へと徐々に移し替えていくとよい。

年1回、それまでの株価の上昇、下落によって生じた現実の資産配分比率と、定められた望ましい資産配分比率を比較し、一定以上の開きがあれば、基準の比率まで戻すようにする。株式を60パーセント、債券を40パーセント所有するのが最適だと思っていると仮定しよう。そこで、株式市場が活況で株価が上がった結果、株の資産配分比率が70パーセントに上昇してしまった。そうした場合、その値上がり部分を売り、株式比率を60パーセントまで下げることが必要となる（反対に、ひどい暴落の結果、株の割合が50パーセントになったときは、債券を売り、株を買い増すことになる）。もし他にも投資しているものがあれば、資産の中で税制上優遇措置――４０１（ｋ）やＩＲＡ――のある部分について、自分の意図した資産配分が保たれているかどうかを確認する必要がある。そうすれば、余分な税金を払わなくてすむ。

リタイア後の投資の進め方

退職した人たちの投資については、債券運用の割合を増やすことを勧める。債券は生活費を確保するには、比較的安全確実なものだからだ。しかしながら、普通株の中のいくつかは、インフレに対応して値上がりするという利点があるので投資対象として考えられる。債券市場全体を対象とするインデックス・ファンドの中には、TIPS（インフレ連動国債）も含まれている。物価が上がると、TIPSが払う利息も増える。退職者はインフレ時でも収入増を期待できる。

ただし例外もある。もしあなたが自分の資産を売らないで生活費をまかなえるほど裕福な場合、株に比重を置いた資産配分をするという選択肢がある。子供や孫に残そうと思う資産であれば、自分の年齢に関係なく、子供や孫の年齢にふさわしい投資をすべきだ。

多くの人たちは、しかしながら退職後に貯蓄を取り崩していくだろう。そういった人たちの場合、退職資金の一部かすべてを個人年金の形にするかどうか決めなくてはならない。定額年金であれば保険会社と契約し、一括で保険料を支払うことで、保険会社はあなたが生きている限り、ある一定額を支払い続けることを保障するものだ。この個人年金制度には重要な特典がある――あなたがどんなに長生きをしても生活資金を保障してくれることだ。多くのファイナンシャル・プランナーはこの個人年金を勧めている。

一方で、この個人年金制度に馴染まない人たちもいる。死んでしまえば、保険会社からの送金は止まる。ということは、もしあなたの健康状態が思わしくないなら、この年金契約をするのは有利かどうかわからない。また、子供や孫に十分な資産が残せるほどあなたが裕福なら年金などいらないかもしれない。さらに、定額年金には一つ重要な欠点がある。それは、インフレが進んでも受取額は増えないという点だ。

単純明快なアドバイスをしよう。退職時にあなたがかなり健康であるなら（とくに遺伝的に長寿の家系であり、その他にもほとんど健康面で心配する要素がない場合には）、これまで貯めた資産の半分を個人年金にするとよい。そうすれば、たとえあなたが100歳まで生きたとしても、ある程度の生活費は確保できる。ただし定額年金は、平凡でベーシックなものに限る。魅力的な年金、たとえばインフレに対応するとか、その他さまざまな特典が付いている年金は、一見よさそうに思える。しかし、その種の年金は高い手数料を取り、本当によいかどうかを分析するのは難しい。あちこちの年金や保険会社をよく調べるとよい。一般的にいって、保険会社に直接個人年金を申し込んだほうが、手数料を取ろうと手ぐすね引いている代理店を通すよりも条件がよいことが多い。

コストが安くて十分分散されたお勧めファンド

次に、普通株と債券投資によいと思うファンドを列記する。お勧めファンドはすべて広範囲の株や債券を買うインデックス・ファンドで、また手数料も安いものを選んだ。

インデックス・ファンドがすべて同じようなものというわけではない。何百種類もある。その中には大企業株式に限ったものもある（いわゆる大型株ファンド）。スタンダード＆プアーズ５００インデックス・ファンドなどはこの種のファンドだ。小型株に特化したものや高成長株に限ったもの、またＩＴなど業種を限定したファンド、外国株だけを扱ったファンドとさまざまだ。債券のインデックス・ファンドも多くの種類がある。安全確実な短期の国債ファンドからリスクの高い高利回りの債券ファンドまで、多種多様だ。私たちが勧めるのは、二つの広範囲のインデックス・ファンドに限って投資をすること――全世界株式市場対象のインデックス・ファンドと全債券市場対象のファンドである。

選択肢を考えるために実例を提示するが、株と債券のそれぞれに複数のファンドに投資すべきだと思っているわけではない。また、著者二人とも、投信会社のバンガードとの付き合いが長い。しかし、私たちはこの本をバンガード社のために書いているわけではないことを、はっきりと言っておきたい。

リストに挙げたファンドはすべて手数料が安く、私たちの基準に合っている。株式インデックス・ファンドで私たちが重要視するのは、全世界の株式市場に投資するファンドだ。アメリカ株は世界の株式市場の40パーセントを占めるにすぎない。アメリカ人は車を日本とドイツから買っている。ワインはフランスやオーストラリアやチリから買う。そして、衣料品は中国、ベトナム、インドネシアなどから買っている。同様に、あなたの株も世界中から買うべきであると思う。もし全世界株式インデックス・ファンドに投資しないのなら、投資額の半分を全市場型アメリカ株インデックス・ファンドにして、残りの半分を外国株インデックス・ファンドにすることを勧めたい。

そこで、そういった人向けに全市場型アメリカ株インデックス・ファンドのお勧めのものも図表12に載せた。これまでずっと述べてきているように、「全市場型」株式ファンドは勧めるが、たとえば有名なスタンダード&プアーズ500大企業インデックス・ファンドのような投資先を限定したファンドは勧めない。なぜなら、スタンダード&プアーズ500はアメリカで取引される株全体の70パーセントを占めているだけだからだ。30パーセントを占める残りの中小企業の多くは積極経営の活力に富み、将来急成長する可能性が高い。

表に示されるどのファンドでもよいが、信託報酬などの経費率の違いには注意する必要がある。

初めて株式に投資するなら、全市場型アメリカ株インデックス・ファンドから始めるとよい。そしてその後、外国株ファンドを加えていくとよい。全市場型アメリカ株インデックス・ファンドはある意味で実際には全世界で株式投資をしている効

（図表12）　優良全市場型アメリカ株式インデックス・ファンドの例（2009年）

ファンド名	インデックス	販売手数料	当初投資単位（ドル）	追加投資単位（ドル）	最近の経費率	給料天引き	キーオプラン対応	401(k), IRA対応
Fidelity Total Market Index, www.fidelity.com; 800-343-3548	Dow/Wilshire 5000	0	10,000	1,000	0.10%	あり	あり	あり
Schwab Total 1000 Investor Class, www. schwab.com; 800-343-3548	Custom Index	0	100	1	0.34%	あり	あり	あり
Vanguard Total Stock Market Index, www.vanguard.com; 800-662-7447	Russell 3000	0	3,000	1	0.18%	あり	あり	あり

（注）　キーオプランは自営業者のための退職プラン

（図表13）　優良海外株式インデックス・ファンドの例（2009年）

ファンド名	販売手数料	当初投資単位（ドル）	追加投資単位（ドル）	最近の経費率	給料天引き	キーオプラン対応	401(k), IRA対応
Vanguard Total International Stock Index, www.vanguard.com; 800-662-7447	0	3,000	1	0.34%	あり	あり	あり
Fidelity Spartan International Index, www.fidelity.com; 800-343-3548	0	10,000	1	0.20%	あり	あり	あり

（注）　キーオプランは自営業者のための退職プラン

（図表14）　バンガート全世界株式市場インデックス・ファンドの例（2009年）

ファンド名	販売手数料	当初投資単位（ドル）	追加投資単位（ドル）	最近の経費率	給料天引き	キーオプラン対応	401(k), IRA対応
Vanguard Total World Stock Index, www.vanguard.com; 800-662-7447	0.25%	3,000	1	0.50%	あり	なし	あり

（注）　キーオプランは自営業者のための退職プラン

（図表15） 優良債券インデックス・ファンドの例（2009年）

ファンド名	販売手数料	当初投資単位（ドル）	追加投資単位（ドル）	最近の経費率	給料天引き	キーオプラン対応	401(k), IRA対応
Schwab Total Bond Market Index, www. schwab.com; 800-435-4000	0	100	1	0.55%	あり	あり	あり
Vanguard Total Bond Market Index Fund, www.vanguard.com; 800-662-7447	0	3,000	100	0.22%	あり	なし	あり
Fidelity US Bond Index, www.fidelity.com; 800-343-3548	0	10,000	1	0.38%	あり	あり	あり

（注） キーオプランは自営業者のための退職プラン

果もあわせ持つ。というのは、ゼネラル・エレクトリックやコカ・コーラなど多くのアメリカの多国籍企業は外国でも多額の利益を上げているからだ。とはいえ、アメリカ株ファンドの一つに投資するとともに、全市場型海外株ファンドの一つにも投資すべきだと考える。私たちが勧める海外株ファンドのリストも図表13に示している。

国内株ファンドと外国株ファンドの両方を一緒にして、一つにまとめたファンドがある。このようなファンドは全世界株式市場インデックス・ファンドと呼ばれている。この経費率は図表14を見るとわかることだが、前に上げた個々のファンドよりわずかに高いだけである。そして、購入手数料が少し必要になる。しかし、広く分散投資したものをたった一つのファンドを買えばすむというのは、きわめて手軽なワンストップ・ショッピングである。

全世界株式市場インデックス・ファンドに投資すると、広く分散投資したものをたった一つのファンドで手に入れられる。一カ所ですべての買い物ができるようなものだ。

すでに述べたように、適切な分散投資のためには債券への投資も必要であり、また、個人投資家が債券を所有するにはインデックス・ファンドが最も効率がよいと、私たちは二人とも考える。ここに、個人投資家にふさわしい三つのインデックス・ファンドの例を挙げた（図表15）。これらは電話かウェブサイトで購入できる。

投資家の中には個別株のように売買できる上場投資信託、すなわちＥＴＦがよいと考える方もおられるだろう。ＥＴＦの中で人気のものが二つある。その一つがＱＱＱ（または「キューブス」）で、ＮＡＳＤＡＱ１００指数を基準に動く。もう一つが「スパイダーズ」（取引所の中ではＳＰＹという変わった略称で呼ばれている）。これは、スタンダード＆プアーズ５００指数をベンチマークとするものだ。私たちは、こういったＥＴＦ投信のどちらも投資範囲が狭すぎると考える。しかし、幸いなことにアメリカと全世界を対象とした全市場型株式インデックス・ファンドが手に入るようになった。

次の図表16はＥＴＦの中で私たちが勧めるものを示している。ＥＴＦは経費率が非常に低いという特徴がある。そして、手持ちのＥＴＦを売っても税金は発生しないので、投資信託より税制上有利だ。これは、通常の投資家にとっては有利である。しかし、ＥＴＦを購入するときには取引所の手数料を払わなくてはいけない。ということは、さほど多額の購入でないと、この手数料はそういった利点を帳消しにしてしまう恐れがある。

手数料なしのインデックス投資信託には、購入時に手数料はかからない。しかし、もしあなたが一括して投資金額を支払うつもりなら（たとえば、非課税の個人年金積み立て口座において投信を乗り換えるときなど）、ＥＴＦは最適なものかもしれない。

バンガード・トータル・ワールド・ＥＴＦ（取引所ではＶＴと呼ばれる）はあな

(図表16) 上場投資信託(ETF)の例

	取引所略称	経費率
全市場型アメリカ株式ファンド		
iShares Russell 3000	IWV	0.20%
Vanguard Total Stock Market	VTI	0.07%
全市場型海外株式ファンド		
Vanguard FTSE All World SPDR	VEU	0.20%
MSCI ACWI	CWI	0.34%
全世界株式市場ファンド		
Vanguard Total World iShares	VT	0.29%
MSCI ACWI	ACWI	0.35%
総合型アメリカ債券ファンド		
Vanguard Total Bond Market	BND	0.11%
iShares Barclays Aggregate	SGG	0.20%

たが必要とする分散投資の対象をすべて含んでいる。国内および海外市場のものを、これだけに投資すればよいようになっている。

まとめ　超シンプルな投資法

安定した退職後の生活を送るためにはいくつかのステップがあるが、とても簡単なものである。しかし同時に、一喜一憂しない精神と、周りの意見や雰囲気に流されない気持ちが必要となる。

1　若いうちから貯蓄を始めて、定期的に続けること。

2　会社の福利厚生制度や国の退職に向けての制度を活用すること。あなたの蓄えを増やす助けになり、税制上の優遇措置もある。

3　市場全体に投資するコストの低い「インデックス・ファンド」を資産タイプごとに選ぶことで分散を図る。

4　あなたにふさわしい資産配分を維持するために年1回見直す。

5　自分の決めた投資方法を守り、市場の値上がりや値下がりは気にかけない。

一喜一憂して、売ったり買ったりすると経費もかかり、投資は失敗するだけだ。

長期投資を心がけよう。

投資は単純明快に――シンプルにしておくこと。それが安定した退職後の生活資金を確保するためには簡単で、経費がかからず、あれこれ心配せずにすむ、最高の投資方法だ。がんばってほしい。

配偶者について述べるならば、夫や妻は自分たちの資産の現実について両者とも十分に理解しておくべきである。そして、投資、市場環境、資金に対する考え方は人それぞれ違うので、二人で自分たちの思いや感情を交えて絶えず話し合っておく必要がある。そうすれば、お互いに相手の考えていることがよくわかり、投資の意思決定を共同で行うことができる。

推薦図書

投資について、もっと知りたいとお望みの方に、以下の本をお勧めしたい。

- ジョン・ボーグル『インデックス・ファンドの時代』井手正介監訳、東洋経済新報社、2000年
- ジョン・ボーグル『マネーと常識』林康史監訳、日経BP社、2007年
- Jonathan Clements, *25 Myths You've got to Avoid—If You Want to Manage Your Money Right*, Fireside, 1999.
- チャールズ・エリス『敗者のゲーム』鹿毛雄二訳、日本経済新聞出版社、2003年
- ベンジャミン・グレアム『賢明なる投資家』重田福雄訳、パンローリング、2000年

・バートン・マルキール『ウォール街のランダム・ウォーカー』井手正介訳、日本経済新聞出版社、２００７年
・David Swenson, *Unconventional Portfolio Management: An Unconventional Approach to International Investment*, fully revised and updated, The Free Press, 2009.（デイビッド・スエンセン『勝者のポートフォリオ運用』大輪秋彦監訳、金融財政事情研究会、２００３年）
・Andrew Tobias, *The Only Investment Guide You'll Ever Need*, Harvest Books, 2005.
・Jason Zweig, *Your Money and Your Brain : How The New Science of Neuroeconomics Can Help Make You Rich*, Simon & Schuster, 2008.

謝辞

卓越した才能に恵まれた編集者、ウィリアム・ラッカイザーが、読者にわかりやすいようにと、私たちの原稿を一行一行、丁寧に手直してくれた。

また、私たちのすばらしい妻である、ナンシー・ワイス・マルキールとリンダ・コッチ・ロリマーにも感謝したい。ベネッサ・モブレー、メグ・フリー・ボーン、ビル・ファルーンの大局的な質問や示唆は、この本を書くにあたってとても助けとなった。エレン・ディピッポ、キャサリン・フォーティン、キンバリー・ブリードの三人は、私たちの読みにくい手書きの原稿を手際よく入稿してくれた。

この原稿を書くために資金援助をしてくれたCenter for Economic Policy Studiesにも感謝したい。

最後に、幸運にも私たちの学生、恩師、友人である以下の運用専門家に対して深い感謝の気持ちを伝えたい。ピーター・バーンスタイン、ジャック・ボーグル、ウォーレン・バフェット、デイビッド・ドッド、ベンジャミン・グレアム、タッド・ジェフリー、マーティン・リーボビッツ、ジェイ・ライツ、チャーリー・マンガー、ロジャー・マレー、ジョン・ネフ、ポール・サミュエルソン、ガス・ソーター、ビル・シャープ、デイビッド・スウェンセン。

訳者あとがき

本書は、今日の資産運用の世界をリードする二人の専門家、バートン・マルキールとチャールズ・エリスの共著である。証券投資を考える一般個人の読者向けに、資産運用の基本的な原理・原則をやさしく、簡潔に述べた画期的な本である。

世界経済のグローバル化が加速し、中国やギリシャなど世界中のニュースが毎日のように新聞・テレビを賑わす。わが国では少子高齢化が進展するなか、年金問題が中高年齢層にとっての最大の課題となってきている。団塊世代のサラリーマンも引退し、退職金を受け取る年齢に達した。しかし、家計貯蓄の大半を占める銀行預金の利息はほとんどゼロに等しい。資産運用は多くの人にとって頭の痛い問題だろう。

他方、中国・ブラジル向け投資など、世界中のあらゆる投資商品が銀行や証券会社などを通じて紹介されている。世界に目を向け、自分で考えようと思う人々にとって、投資は期待を膨らませ、また、とても知的刺激に満ちたエキサイティングなものに見える。私たちの周りでも、株や為替で儲けたという話が聞こえてくる。

しかし、ちょっと待ってほしい。よく考えてみよう、というのが本書の出発点だ。本書の著者の一人、マルキールは、『ウォール街のランダム・ウォーカー』、もう一人のエリスは『敗者のゲーム』という、ともに今や古典ともいえる歴史的名著の著者として世界的に評価の高い資産運用の専門家である。この二人は、証券市場と資産運用の基本について、ほぼ共通の認識・哲学を持つ。マルキールの言う「ランダム・ウォーク」とは、株価の時々刻々の足取り（ウォーク）はランダム、すなわち、そこに何らの法則性はなく、従って将来の株価の動きを予測するのは不可能だ、という考え方である。とくに短期的な株価予測に基づいて投資してもうまくいかない、という意味である。この考え方は、資産運用に携わる内外のファンド・マネジャーの間では、今や通説になっているといってよい。

エリスは同様な立場に立って、圧倒的な情報優位性を持つ大手機関投資家が、高度に効率的となった市場取引の大部分を占める以上、継続的に市場平均以上の運用成績を上げることはきわめて困難になった、と指摘する。そのうえで、そうしたことより、自分は何のために運用するのかという目的を再確認し、その目的実現のために最適かつ現実的な長期の運用基本方針を策定し、それをどんな市場環境のもとでもブレずに実行していくことのほうがはるかに重要であり、それが運用で成功する秘訣だと主張する。

二人の主張に共通するのは、どんなフルタイムの優秀なプロでも、徹底したリサーチを通じて知られざる成長株を発掘したり、あるいはエネルギーだ、途上国投資だ、外債だと、自分で投資テーマを判断して売買する、いわゆるアクティブ運用はなかなかうまくいかない、ということだ。いわんや情報入手や分析力に劣り、片手間で運用を考える一般の投資家の場合はなおさらだろう。

そして二人は成功への具体的な手段として、さまざまな資産にできるだけ幅広く分散されたインデックス・ファンド投資を勧めている。

二人合わせて100年という長い研究と投資経験のみならず、今日の市場や運用の実態についての深い理解と洞察に基づく本書の論旨展開は、きわめてわかりやすく、説得的である。わが国の読者にとっても、資産運用の原理・原則を確認するうえでまたとない入門書といえる。車の運転を始める前に免許が必要なように、投資を始めるにあたって、まず押さえておかなければいけない基本ルールを理解することができるだろう。

ただ、日米間の証券市場の性格や税制などの違いに若干留意すべき点がある。一つは、政府の貯蓄奨励策の違いである。アメリカでは経済政策の一つの柱として貯蓄奨励、老後の資産形成という考え方があり、個人貯蓄に関しても確定拠出型年金401（k）や個人年金勘定（IRA）といった、さまざまな税制優遇制度がある。本書でもこうした政府の優遇措置を最大限利用すべきことが強調されている。一方、わが国では、すでに1400兆円を超える個人貯蓄の蓄積があり、過去はともかく現状では政府は一貫して貯蓄優遇策には否定的である。したがって、この部分に関しては、「絵にかいた餅」という印象があるかもしれない。

もう一つは、わが国の株式投資の長期的リターンが低いという問題である。本書でエリスは繰り返し、アメリカにおける株式投資の長期的平均リターンは8％という前提で議論を進めている。しかし、わが国では市場全体で見ると、株式の長期リターンは少なくとも過去20年に関する限りマイナスであった。

長期的には許容できるリスクの範囲内で、資産全体に占める株式比率は高いほどよいという本書の主張は、これまでの日本株に関する限りは当てはまらなかったということになる。逆に、だからこそ資産を国際的にも分散したほうがよい、という二人の主張は、日本にはとくに当てはまるといえよう。

いずれにせよ、本書の示す資産運用の原理・原則が、わが国の読者に十分役立つことは疑う余地がない。個人的な感想をいえば、マルキールとエリスが本書の冒頭で述べているように、「もっと早くこの本を読んでいたら」と思わずにはいられない今日この頃である。

２０１０年10月

訳　者

著訳者紹介

バートン・マルキール (Burton G. Malkiel)

プリンストン大学経済学博士。大統領経済諮問委員会委員、イェール大学ビジネススクール学部長、アメリカン証券取引所理事などを歴任。現在、プリンストン大学経済学部教授。多くの米大企業の社外取締役としても活躍。著書に『ウォール街のランダム・ウォーカー』など。

チャールズ・エリス (Charles D. Ellis)

ハーバード・ビジネススクールで最優秀のＭＢＡ、ニューヨーク大学でＰｈＤ取得。世界の大手金融機関を顧客とする調査・コンサルティング会社、グリニッジ・アソシエイツを設立。30年間にわたり代表パートナー。現在、バンガード社外取締役、ホワイトヘッド財団理事長。著書に『敗者のゲーム』など。

鹿毛雄二 (かげ・ゆうじ)

東京大学卒業。長銀ニューヨーク信託社長、ＵＢＳアセットマネジメント会長兼社長、企業年金連合会常務理事などを経て、現在、ユージン・パシフィック代表。

鹿毛房子 (かげ・ふさこ)

マーシー・カレッジ卒業。ロングアイランド大学大学院中退。

投資の大原則

2010年11月22日　1版1刷

著　者　バートン・マルキール
　　　　チャールズ・エリス
訳　者　鹿毛雄二
　　　　鹿毛房子
発行者　羽土　力
発行所　日本経済新聞出版社
http://www.nikkeibook.com/
東京都千代田区大手町1-3-7　〒100-8066
電話 03-3270-0251

印刷・製本／中央精版印刷株式会社

Printed in Japan　ISBN978-4-532-35447-3